中島精也

新冷戦の勝者になるのは日本

JN052900

講談社+α新書

はじめに

「ポスト冷戦」で一人乗り遅れた日本の沈滞ムード。平均給与ではついに韓国にも抜かれ、円安で海外旅行にも行きづらい。米中対立、台湾問題も抱え、もし中国が台湾への軍事侵攻を行えば日本経済は破綻の瀬戸際。ジョー・バイデン米大統領は就任以来、世界が民主主義と専制主義の闘いに直面する新冷戦時代に移行したと発言しており、事実、米中覇権争い、ロシアのウクライナ侵攻でグローバル化はストップ、食糧、エネルギーの安全保障もままならない……と大きな危機感に包まれている。

しかし、じつは一筋の光明が射してきているのだ。１００円ショップといえば中国製というイメージが強いが、最近、日本製が急速に増えているのに気づかされる。よく目を凝らして見ると日本を取り巻く諸条件がいつの間にか大きく変わっているのだ。

日本の輸出競争力を削《そ》いだ円高は終わり、企業のバランスシートを悪化させた株価や地価はとっくに回復している。さらに海外への工場移転による産業空洞化という大問題も歯車が逆回転し始めた。

誰が仕組んだものでもないが、新冷戦と「地球儀を俯瞰する」安倍外交のコラボで、まさに偶然が偶然を呼んで日本に絶好のチャンスが訪れようとしている。台湾半導体メーカーTSMCの熊本への工場進出がひとつのヒントになる。まるで「風が吹けば桶屋が儲かる」の図式に近い。

私は2017年の中国共産党大会で新冷戦の始まりを確信し、今日まで情報収集と分析を行ってきた。本書はそれを一冊にまとめたものである。

これまで伊藤忠商事に入社以来、基本的にはエコノミストとして経済分析と予測に携わってきた。最初は調査情報部に配属され、その後、経済分析のツールを勉強するため、有力シンクタンクの一つ日本経済研究センターに2年間、委託研修生として派遣され、「段階的接近法（SA）」と呼ばれる経済予測手法を学んだ。当時の日経センター会長はのちに外務大臣を務めた大来佐武郎氏、理事長は経済予測の神様と言われた金森久雄氏だった。特に金森理事長からは予測の勘所を教えてもらい、今でも大変参考にしている。

当時は変動相場制に移行して円高が進行したこともあって、為替への関心が非常に高かった。個人的にもマクロ経済分析を為替レート予測に活かしたいという思いが募って、調査部を離れて為替証券部の為替ディーリングルームに異動することになった。為替市場を肌で感じたいという思いから、久保田進也為替室長と藤代昇《のぼる》課長にお願いして5本（500万ドル）のポジションをもらって、エコノミストの仕事をこなしながらディーリングも昼夜を問わずやっていた。今風に言えば「二刀流」だ。

百聞は一見に如かず、ドルを売るか買うかしてポジションができると、世界が違って見えてくる。頭の中に為替レートのチャートができて、為替の動きが克明に記憶される。ポジションをスクエア（反対取引をやってポジションを消す）にした途端、頭の中のチャートが消えるという不思議な経験をした。だから、ディーラーは常にポジションを持ち続けるのかと合点がいったものだ。

その後、海外の研究機関でさらにキャリアを積みたいという希望を上司、同僚が支援してくれて、ドイツ五大経済研究所の一つであるｉｆｏ経済研究所に2年間客員研究員として赴任し、ミュンヘンでの研究生活に入った。ちょうどＥＵ（欧州連合）は欧州単一通貨ユーロの導入を進めていたので、研究テーマとしてユーロを軸とする欧州統合を選択したが、ミュンヘン滞在中は頻繁にドイツ連邦銀行、フランス銀行、イングランド銀行、欧州委員会、経済協力開発機構（ＯＥＣＤ）、国際決済銀行（ＢＩＳ）、英財務省を訪問し、時にはワシントンまで足を伸ばして米連邦準備制度理事会（ＦＲＢ）や米財務省でも議論を深めることができた。

帰国後は内閣情報調査室など幾つかの外部の研究会にも参加して内外情勢の分析を続けていたが、大きな転機は秘書部への異動である。丹羽宇一郎会長が第一次安倍政権の経済財政諮問会議の民間議員に就任したことから、シェルパ役として補佐することになった。さらに日本政策投資銀行の高橋達雄氏（元地域活性化センター理事長）にお願いして、伊藤忠に転職してもらい、二人で経済財政諮問会議の丹羽会長サポートに全力で取り組んだ。この時は各省庁の官僚を始め多くの訪問者がひっきりなしに丹羽会長に陳情や報告に来られたのを隣の席でずっと話を聞いていて、日本の経済政策はこうやって決まって行くのかと実感したし、多くの官僚の皆さんと共に骨太の方針作成にも関わることができて良い経験をさせてもらった。

伊藤忠退職後は中国大使を終えて帰国された丹羽宇一郎氏の事務所でチーフエコノミストとして活動すると共に、福井県立大学客員教授として研究、情報発信を続けている。福井県立大学以外にも九州大学大学院で講義したり、ＰＨＰ総研グローバル・リスク分析プロジェクト、中央大学国際金融研究会にも研究メンバーとして参画している。いまでも刻々と送られて来るディープな情報は内外の友人からの賜物である。

思えば日本に不利だったポスト冷戦時代は終焉を迎え、世界は新冷戦時代に移行しつつある。本書は新冷戦のきっかけを作った習近平《しゅうきんぺい》総書記の2017年中国共産党大会のスピーチを皮切りに、世界覇権を狙う中国の挑戦と、それを阻止すべく本腰を入れて反撃する米国というまさに米中対決の図式を第1、第2章で取り上げている。第3章では民主主義と専制主義との闘いという新冷戦時代を象徴するウクライナ戦争について言及し、第4章では専制国家のチャンピオン中国を隣国とする我が国の地政学リスクと日中関係について説明している。以上を第Ⅰ部「ポスト冷戦の終焉」として国際政治面での前提条件を明示し、第Ⅱ部の「新冷戦で変わる世界経済」につなげている。

第5章ではポスト冷戦がグローバリゼーションを通じて世界経済に革命的な変化をもたらしたこと、第6章では新冷戦への移行でポスト冷戦時代の諸条件も一変して、世界経済が逆回転し始めることを解説している。第7章では新冷戦下で米国、中国、欧州の経済がどう影響を受けるのかを予測し、第8章では新冷戦でグローバル・サプライチェーンが見直され、日本に追い風が吹き、資本が流入に転じることに言及している。

論理的に読み解くと、新冷戦で日本大復活の条件が整い、まるでオセロゲームで最終盤に黒が次々と白に変わっていくような爽快感を味わうことができる。それを検証してみたい。本書を読み終えるころには、きっと心に希望の火が灯るはずだ。

目次

第Ⅱ部　新冷戦で変わる世界経済

第5章　冷戦の終結とグローバリゼーションの進行

第8章　新冷戦は日本大復活の時代

第Ⅰ部　ポスト冷戦の終焉

第1章　新冷戦を仕掛けた習近平

習近平の世界覇権宣言

新冷戦の始まりは、2017年10月に開催された第19回中国共産党大会での習近平総書記の演説が起点になっている。17年といえば、1月に米国でドナルド・J・トランプ大統領が、5月に欧州でエマニュエル・マクロン仏大統領が誕生、また、「アラブの春」の挫折からシリア難民の大量発生が続くなど、不穏な国際情勢を予感させる年でもあったが、それを決定づけたのが習近平だった。

習近平は総書記1期目を無事に終え、2期目続投が決まったこと、さらに後継者を明示せず権力の基盤を固めた高揚感からか、演説の時間は実に3時間半にも及ぶ異例の長さで、ひな壇にいた江沢民《こうたくみん》元総書記も飽きてしまったのか、大あくびをしたり、「いつまで習近平は喋る気なのかなあ」と腕時計を頻繁に見る仕草がユーモラスで印象的だった。

この演説の日本語訳全文を外務省の知人から入手して熟読した。習近平が使う言葉は難解でわかりにくいが、読み進むにつれて世界覇権を目指す習近平の野望に段々と恐怖感を覚えるようになった。冒頭、習近平は「新時代の中国の特色ある社会主義思想」のもとで「中華民族の偉大な復興」推進のため団結奮闘しようと人民大会堂に集まった2000人を超える党員に呼びかけた。

そして習近平は、中華人民共和国建国１００年にあたる２０４９年までに「社会主義現代化強国」を建設すると述べたが、これこそが世界覇権を握るという宣言であり、米国への宣戦布告でもある。

力による一方的な現状変更

習近平は「アヘン戦争以後、中国は内憂外患の暗黒状態に陥り、中国人民は戦乱が頻発し、山河が荒れ果て、人々が生活の道を失う大きな苦難をなめ尽くした」と演説している。この報告を読む限りでは、アヘン戦争以降の欧米列強による半植民地化と領土割譲の屈辱の歴史から解放されることが「中華民族の偉大な復興」という「中国の夢」の実現であると解釈できそうだ。

中国にとって列強に侵略され、割譲された領土の奪還は悲願であり、国力の拡充につれて着々と実行に移している。香港については１９９７年に返還が実現、さらに２０２０年には中英共同声明で50年間維持する約束だった「一国二制度」を香港国家安全維持法により一方的に破棄した。また、台湾については武力統一も辞さない構えである。

しかも、これら近代に失われた領土の奪還に止まらず、中国の周辺地域の領有権までも主張しているのは驚きである。これはまさに中華思想の復活そのものではないかと危惧される。中華思想とは中国人（漢民族）のみが文化人であり文化国家を形成すると考え、中国人を中華と崇め、周りを野蛮人として北狄《ほくてき》、西戎《せいじゅう》、南蛮《なんばん》、東夷《とうい》と卑しみ、世界の土地は隅々まで中国皇帝（天子）のものであるという認識である。ちなみに日本人は東の野蛮人と位置づけられている。天子の徳化を名目にして勢力拡大により野蛮人を文化人に変えるという領土膨張主義も含んでいるのだ。

中国の海洋進出は1974年に鄧小平《とうしょうへい》が石油ショックを背景に国連総会で途上国を代表して「資源ナショナリズム」を強調した時から始まった。それ以降、南シナ海の西沙諸島、南沙諸島の実効支配、さらに東シナ海の尖閣諸島など日本領海周辺でも軍事的圧力を強めている。

1980年代半ばに策定された中国海軍の「近海防御戦略」は経済成長を支えるための資源及びシーレーン確保のために海軍力の強化を謳っており、2010年までに第1列島線（九州、沖縄、台湾、フィリピン、ブルネイ、マレーシア沿岸）の内側の制海権を、20年までに第2列島線（小笠原諸島、グアム、パプアニューギニア）の内側の制海権を確保する計画を立てている。

２００９年の「中国海洋発展報告」では初めて「海洋強国」を目指す方針を明示し、中国近海４７３万平方キロメートルを「海洋国土」と定め、「海洋権益の擁護」を謳い、12年の第18回中国共産党大会では胡錦濤《こきんとう》前総書記が「海洋権益を断固として守り、海洋強国を建設する」と述べている。

南シナ海については１９９２年に米軍がフィリピンから撤退したことで生じた空白に乗じて、中国が領海と主張する九段線内（中国の赤い舌）で攻勢を強めたために、２００９年以降インドネシア、ベトナム、フィリピンとの対立が激化、特に14年以降は国際仲裁裁判所の裁判手続きや16年の国際法違反の判決を無視して南沙諸島に人工島を造成し、地対空ミサイル基地を建設、そして南シナ海での他国の漁船による漁獲禁止を宣言している。

東シナ海については中国は１９９２年に「中華人民共和国領海及び接続水域法」を公布して、尖閣諸島の魚釣島を一方的に自国領土と明記し、98年には海洋権益を守るためとして「中華人民共和国排他的経済水域および大陸棚法」を制定、２００４年以降は東シナ海で一方的にガス田開発に着手、さらに09年12月には海上の無人島の所有権が国家に帰属すると規定した「海島保護法」が成立、この無人島に魚釣島が含まれているのは要注意である。翌10年に尖閣諸島沖で中国漁船が海上保安庁の巡視船に衝突する事件が勃発、12年日本政府が日本人所有者より尖閣諸島３島を購入の後、大規模かつ暴力的な対日デモが中国全土で荒れ狂ったのは記憶に新しい。

それ以降、今日に至るまで、尖閣諸島の領有権を主張する中国の姿勢は益々高圧的になっており、尖閣諸島周辺での中国海警局の領海侵犯も激しさを増している。２０２１年には「中国海警法」が新たに成立し、中国の主権や管轄権を侵害する外国の組織、個人に対して「武器の使用を含むあらゆる必要な措置」を取る権利が海警局にあると規定、周辺国への威嚇の度合いがレベルアップした。

習近平の世界覇権の野望はすでに共産党総書記に就任した２０１２年頃から露骨になっており、13年の訪米時にバラク・オバマ大統領に「太平洋には中国と米国を受け入れる十分な空間がある」と米中で第３列島線（ハワイ、サモア、ニュージーランド）で太平洋を分割統治する案を提示した。そして、17年の党大会で建国１００年にあたる２０４９年に「社会主義現代化強国」の実現、即ち世界の覇権国になることを宣言した。これは習近平が「自分が優位に立つまでは能力も爪もかくす」という鄧小平の「韜光養晦《とうこうようかい》」路線から決別したことを意味する。

社会主義現代化強国

　習近平が目論む社会主義現代化強国とは、中国式社会主義の下で、政治・外交・経済・軍事・技術・文化などあらゆる分野を現代化して最強国家をつくりあげることを意味している。工程表としては２０２０年までに生活にややゆとりある「小康社会」を全面的に完成させ、35年の「社会主義現代化国家」の実現を経て、49年に「社会主義現代化強国」を築き上げる計画である。

　この「社会主義現代化強国」の建設という遠大な計画を成功させるための鍵として「創新（イノベーション）」をあげている。中国はイノベーション、資源効率、情報化、品質、産業構造で先進国に後れをとっているとの認識から、大量生産の「製造大国」から品質重視の「製造強国」への転換が不可欠としている。そこで、２０１５年に中国の製造強国戦略実施の最初の10年の行動綱領となる「中国製造２０２５」を公布した。

　その冒頭に「製造業は国民経済の基盤であり、国家存立の根本であり、国家振興の神器であり、強国になる基礎である。強い製造業なしには国家と民族の繁栄もない」と、製造強国実現に向けた決意が書かれてある。

製造強国という戦略目標はステップ1として2025年までに「世界の製造強国の仲間入りを果たす」、ステップ2が35年までに「世界の製造強国の中等レベルへ到達させる」、ステップ3が49年までに「世界の製造強国の先頭グループに入る」という3ステップで実現するとしている。これは習近平の「社会主義現代化強国」への発展段階と呼応している。「中国製造2025」が「中国の夢」の実現に向けたイノベーション主導のテクノロジー・アプローチであるのに対して、グローバルマーケット・アプローチが「一帯一路」である。「一帯一路」は陸路の「シルクロード経済ベルト」と海路の「21世紀海上シルクロード」の2つからなり、陸路、海路のインフラを整備することで貿易、投資、金融取引を活発化させ、ユーラシア大陸に一大経済圏を創り上げる計画である。新たな市場創出で最も利益を享受できるのは当然、中国であり、高度経済成長を続けることで、世界一の経済大国の実現を目指している。

「一帯一路」は地理的には東アジア、中央アジア、中東、ヨーロッパなどを対象にしているが、実際のところ中国のアプローチは中南米、アフリカ、南太平洋島嶼国なども含めており、ユーラシアに限定せずグローバルな構想と考えた方がよい。インフラ整備に必要な資金は「シルクロード基金」と「アジアインフラ投資銀行（AIIB）」が支援するスキームとなっている。

「シルクロード基金」は２０１４年に設立された国有投資ファンドであり、国家外貨管理局や中国輸出入銀行などが出資して、中国人民銀行が所管している。「一帯一路」に基づく経済貿易協力、インフラ投資プロジェクトのファイナンス支援が目的であり、具体的プロジェクトとして「中国・パキスタン経済回廊」、パキスタン水力発電プロジェクト、インドネシア高速鉄道などがある。

一方、ＡＩＩＢは中国主導で２０１５年に設立された国際開発金融機関であり、中国財務部が所管している。中国政府は設立前に、「総裁は中国から出すが、副総裁ポストを日本に渡すので加盟してくれないか」と誘ってきたが、日本政府は断って加盟していない。加盟国・地域は１０３ヵ国に及ぶが、中国が25％以上の議決権を有し、最重要議案の通過には75％の賛成が必要なため中国は実質的な拒否権を持っている。国際機関とは言いながら、中国の意向に沿ったプロジェクト優先の姿勢が明らかである。

しかし、ＡＩＩＢは開発融資に必要な高度なノウハウを持っていないのが実情で、アジア開発銀行（ＡＤＢ）や国際通貨基金（ＩＭＦ）など既存の国際機関に依存した協調融資という形を取らざるを得ない。当初、毎年１００億〜１５０億ドルの投融資を予定していたが、5年間の累計契約は200億ドルと予定の半分にも満たず、実際の融資実行額はさらにその10分の1ではないかと言われている。

このように資金面での制度設計に問題を抱える「一帯一路」構想ではあるが、とりあえず中国マネーをちらつかせて世界各地で積極的に推し進めてきた。2012年には中東欧16ヵ国との間に「16プラス1」協力会議を設立して毎年首脳会議を開催。高速道路、鉄道、発電所などのインフラ整備を中国の金融機関が融資し、中国のファンドが投資し、中国の国有企業が建設を担い、工事は中国人の出稼ぎ労働者が行うというお決まりのパターンで、バルカン半島の交通インフラ開発の「バルカン・シルクロード」計画などが一つの事例である。2019年にはギリシャが参加して「17プラス1」となったが、ウクライナ戦争でロシア寄りの姿勢を示す中国への不信感からバルト三国が離脱するなど「17プラス1」は中国の思惑通りには行っていない。

「一帯一路」はその軍事的役割にも関心が高い。中国がシーレーン防衛に向けてインド洋で展開する「真珠の首飾り作戦」は「21世紀海上シルクロード」と重なる。スリランカのハンバントタ港工事では費用の85%を中国が貸与したが、港の管理は中国に委ねられ、スリランカ政府は中国の軍事基地にはしないと言っているが、コロンボの南の港に中国の潜水艦が寄港するなど疑念は消えない。２０２２年には中国マネーで債務漬けになった政府に反対する大規模デモが起きて、ゴタバヤ・ラージャパクサ大統領が国外脱出するという事態に陥ってしまった。

「共同富裕」は第２次文化大革命

２０２２年の第20回中国共産党大会の習近平の演説時間は前回17年の半分と短く、内容も概《おおむ》ね前回を踏襲するものであった。今回の習近平の演説で気になったのはマルクス主義礼賛が目立つことである。「中国共産党が有能で、中国の特色ある社会主義が優秀なのは、つまるところマルクス主義が有用であり、中国化・時代化したマルクス主義が有用だからである」という箇所は習近平の思想が筋金入りの社会主義者であることをうかがわせる。

新時代の矛盾の多くは鄧小平の改革開放による高成長がもたらしたという認識が習近平には強く、行き過ぎた市場経済を修正して、中華人民共和国建国時の社会主義国家建設の初心に立ち返る必要がある、これが習近平の「新時代の中国の特色ある社会主義思想」の本質であると思われる。

前年の2021年8月の党中央財経委員会で習近平は「共同富裕」に言及して、「共同富裕は社会主義の本質的要請である」と述べ、「調高、拡中、増低」即ち、高所得層の調整、中所得層の拡大、低所得層の収入増加により社会主義の目指す格差のない社会を実現しなければならないとしている。

そもそも「共同富裕」は1953年に毛沢東《もうたくとう》が提唱したもので、農業生産の集団化、工業と農業の一体化により「共同富裕」を実現して農民を貧困から脱却させるという計画だったが、有名な「大躍進政策」の大失敗で「共同富裕」も長らく使われないでいた。

習近平が「共同富裕」を掲げたのは「改革開放」の鄧小平が主張した「先富論」の「先に豊かになれる者たちを富ませ、落伍した貧しい者たちを助ければ良い」という考えを否定し、市場経済に傾き過ぎた社会主義の針を元に戻すためである。よって、毛沢東が劉《りゅう》少奇《しょうき》ら走資派から権力を奪還するために起こした文化大革命と相通じるものがあり、「第2次文化大革命」と呼んでも差し支えないだろう。

ここ数年、中国では巨額利益を計上するIT企業叩きが露骨であるが、2020年11月にアリババ傘下のアント・グループが香港と上海で予定していた上場が突然当局より延期命令を受けた。アリババ創業者のジャック・マー氏が中国の金融システムは時代遅れであると、当局批判を行ったことへの報復とみられるが、ＩＴ革命後に格差が社会問題となっており、建国時の「初心に戻って」を強調する習近平は大企業の活動をこれ以上自由にするのは反社会主義的であると考えたのだろう。

「共同富裕」の名の下に富裕層増税、高い賃上げ、寄付の強制が実施される方向にあり、市場経済重視の「先富論」より社会主義的な「共同富裕」が優先されれば、企業家のアニマルスピリッツが失われる。元みずほ銀行常務の花井健氏によれば、中国の若手起業家たちから現状の「共同富裕」では新たな投資が手控えられ、イノベーション駆動型の経済成長は望めない、できれば資産と事業の海外移転をさらに加速したいとの切実な声が寄せられているそうだ。学界からも北京大学の張《ちょう》維迎《いげい》教授が「市場の力を信頼せず政府の介入に依存すれば『共同貧困』につながるだろう」と異議を唱えたが、案の定、ネット記事は当局により即座に削除されてしまった。

共産党規約にある「個人崇拝の禁止」は、毛沢東への権力集中が文化大革命の悲劇をもたらしたとの反省から鄧小平が導入したものである。

文化大革命の精神的拠り所となった毛沢東思想とは、①農村大衆を中心とする「大衆路線」、②現実、現場から学ぶ「実事求是」、③私の利益より公の利益を優先する「大公無私」、④農村から蜂起して都市を囲い込む「人民戦争理論」などからなっており、マルクス・レーニン主義を農業中心の中国の実情に合わせた革命方式である。

毛沢東は「革命とは暴力である。一つの階級が他の階級を打ち倒す激烈な行動である」と述べているが、まさに文化大革命は農民・労働者階級が資本主義のブルジョア階級を打ち倒す階級闘争そのものであるとして、毛沢東は紅衛兵運動を「造反有理（謀反には道理がある）」として支持したが、実際は劉少奇ら走資派から権力を奪還するために仕組まれた政治キャンペーンでもあった。毛沢東思想教育を強化することで、毛沢東への個人崇拝を進め、資本主義に傾いた走資派の政策を改めて社会主義国家建設の軌道に戻すことを狙ったものである。

しかし、文化大革命の混乱で中国経済の発展が大きく阻害されたという意味でその代償はあまりにも大きかった。よって、「個人崇拝の禁止」という規約は共産党にとって極めて重いものがある。

ところが、習近平が進めているのは習近平思想教育の徹底により、①習近平への個人崇拝を高める、②市場重視の改革開放路線を否定して、社会主義国家建設の初心に戻す、③西洋思想を排除して愛国教育を推進する、というもので文化大革命時の毛沢東のやり方と酷似している。

個人崇拝を進める習近平に対して党要人から批判めいた言葉も漏れ出している。2021年3〜4月に温家宝《おんかほう》元首相がマカオの新聞「澳門導報」に4回にわたり寄稿し、「中国は公平と正義に満ちた国で、人を尊重し、自由で奮闘する気質があるべきで、そのために私も努力してきた。私は貧者や弱者に同情し、侮蔑や抑圧に反対する」と述べた。これは習近平体制における統制強化の動きが中国の活力を削ぐことを懸念しての発言であると、SNS上で話題になったが、即座にネットから削除された。

また、2021年12月、人民日報に「改革開放は共産党の偉大な覚醒」という論文が掲載され「改革開放」を推し進めた鄧小平を左翼の教条主義から思想を解放した功労者として評価したが、個人崇拝を進める習近平を暗に批判した論文とも受け取られた。

さらに、2022年3月の米ウォールストリート・ジャーナル紙は、鄧小平からの信頼が厚く、「改革開放」路線を一段と推進した朱鎔基《しゅようき》元首相が、これまでの総書記後継ルールを破って3期目続投を目指す習近平の動きに反対の意向を示したと報じている。

鄧小平は中国を「改革開放」と「集団指導体制」に転換し、この路線を引き継いだ江沢民・朱鎔基政権、胡錦濤・温家宝政権が発展させてきたが、習近平は鄧小平路線とは一線を画し、習近平の「新時代の中国の特色ある社会主義思想」を徹底して、自らの個人崇拝と共同富裕を推進しようとしている。このように改革開放の鄧小平派と共同富裕の習近平派の対立は根深いものがある。

チャイナセブンを側近で固める

2022年の第20回党大会で習近平総書記の異例の3期目続投が決まった。しかし、大会前のチャイナ・ウォッチャーの関心事は総書記3期目続投よりも、まず建国の父、毛沢東のポストである「党主席」の座まで一気に駆け上るのか、さらに毛沢東に使われていた「領袖《りょうしゅう》」の呼称を獲得できるのかであった。次の焦点がチャイナセブンと呼ばれる中国共産党中央政治局常務委員の顔ぶれがどうなるのか、そして後継者が明らかになるのかであった。

まず最初の焦点については習近平の総書記続投は決まったものの、党大会閉幕後に発表された党規約には党主席も領袖の名称も記載されておらず、習近平の格上げは見送られたことが判明した。また、常務委員人事について、常務委員の任期は68歳以上は引退、67歳以下は留任という非公式人事ルール「七上八下」があるが、今回このルールが反故《ほご》にされ、69歳の習近平は留任、67歳の李克強《りこくきょう》首相や汪洋《おうよう》全国政治協商会議主席は引退することになった。習近平の太子党（中国共産党高級幹部の子弟）との対立軸である共青団（共産主義青年団）出身の李克強と汪洋が外されたばかりか、今回の人事では常務委員に昇格するとみられていた共青団出身で習近平の後継候補の一人、胡春華《こしゅんか》副首相は昇格どころか政治局員から降格の憂き目にあった。

このような人事に不満があったのか、党大会最終日、共青団出身の胡錦濤前総書記がひな壇で常務委員の栗戦書《りっせんしょ》、王滬寧《おうこねい》、習近平とのやりとりが続いたあと、関係者に脇を抱えられて強制的に退席させられた画像が流れ、いろいろと物議を醸した。

共青団パージの一方で、新しい常務委員の顔ぶれはすべて習近平側近で固められ、習近平独裁体制強化を印象づけた。しかも、50歳代の常務委員はおらず、後継者を示すことすらしていない。習近平は5年後以降も総書記を続けるか、あるいは党主席ポストを獲得して終生トップを目指しているように見える。

さて、この歪な人事の背景は何か。習近平は党内における核心的地位をほぼ手中におさめているが、党主席など一段高いポストを獲得するにはさらに党内基盤を強化することが必要と感じ、共青団の一掃と側近で固めた常務委員人事を断行したものと考えられる。これで次のステップへの備えは万全と考えているのかも知れない。共産党大会開催時に米国の「ラジオ・フリー・アジア（自由亜州電台）」が中国皇帝と化した習近平が天安門楼上から広場を見下ろしている風刺画を掲載したが、「強人統治」というタイトルはいまの中国を最もよく表しているものと言える。

中国国内ではゼロコロナ政策によるストレスの高まりもあって、習近平の共産党に対する批判が表面化した。

共産党大会の3日前の10月13日には北京市内の高架橋に習近平批判の横断幕が掲げられる騒ぎがあった。それは「不要核酸要吃飯（PCR検査は不要、食事が必要）」「不要封控要自由（都市封鎖は不要、自由が必要）」「不要謊言要尊厳（でたらめは不要、尊厳が必要）」「不要文革要改革（文革は不要、改革が必要）」「不要領袖要選票（領袖は不要、投票用紙が必要）」「不做奴才做公民（奴隷にならず、市民となる）」と書かれてあり、習近平政権を露骨に批判する内容であった。また、11月から12月にかけて過酷なゼロコロナ政策と厳しい言論統制に抗議して全国各地で白い紙を掲げたデモが大規模に発生し（白紙運動）、「習近平退陣・共産党退陣」を叫ぶ声すら聞かれた。

ここから習近平は政策の大転換に踏み切って世界を驚かせた。第1はゼロコロナ政策からウィズコロナへ180度の方向転換である。ゼロコロナ政策による都市封鎖の継続では経済回復の目処が立たず、国民のストレスから起こった白紙運動は習近平にとって不穏な兆候に映ったことだろう。それならば、ウィズコロナに舵を切って国民全員がコロナに感染すれば、仮に1000万〜2000万人が亡くなっても、集団免疫ができて、早期に経済は正常化するという思惑が働いたのかもしれない。前述した1958年の毛沢東が指導した「大躍進政策」では、失政のため、当時4000万人以上が亡くなったとも言われるが、ゼロコロナからウィズコロナへの転換はいかにも中国的、大陸的なスケールの大きい乱暴なやり方である。

第2は2022年12月に23年の経済政策の方針を決める中央経済工作会議で、これまで強調していた「共同富裕」への言及がなかったことである。工作会議は中国経済が需要収縮、供給ショック、期待の低下という「三重圧力」に直面していると指摘し、基本方針は「安定」を第一として、安定の中での前進（穏中求進）を堅持するとしている。

重点はコロナで痛んだ消費の回復拡大を優先すること、習近平の「共同富裕」と「国有企業優先」で萎縮する民間企業に対しては国有企業と同じレベルで「揺るぎない支援」を行うと安心させ、国家重大プロジェクトへの参画を呼びかけ、さらに外資の誘致や対外開放までも掲げている。これまで習近平が強調していた社会主義への回帰はどこへ行ったのか。イデオロギー重視から突然の経済重視への転換である。

第3は共産党大会で台湾統一では「武力行使の放棄を約束しない」と述べていた習近平だったが、2023年の新年挨拶では「両岸は家族であり、両岸同胞が幸福のために共に歩もう」と台湾民衆に直接訴える「和平攻勢」に出たことで、「戦狼外交」から「微笑外交」にシフトしたかと思わせた。

これらの政策転換は、コロナで痛んだ経済の回復のためには背に腹はかえられないという思いと、共産党大会を無事に乗り切り、一強体制を固めたことで政策転換しても党トップとしての地位は揺るがないという習近平の自信の表れを示すものである。

しかし、マルクス主義を礼賛する習近平の本質からして、改革開放路線に戻ったと見るのは早計だ。いずれ経済が強靭さを取り戻したら、再び「共同富裕」の社会主義的イデオロギーが復活するし、台湾への「微笑外交」も表面的に過ぎず、威嚇と懐柔の繰り返しで2024年の台湾総統選挙を睨んで台湾市民の民進党離れを誘導しているようだ。目を凝らせば、「衣の下から鎧が見える」、台湾武力統一も辞さないことはいささかも変わりがないと思われる。

習近平は毛沢東が建国の父であるならば、自分は世界覇権の礎を築いた偉人として永遠に中国人民から崇拝され続けることを願っているように見受けられる。天安門広場に毛沢東と並んで肖像画が掲げられる日も近い、と夢見ているのかも知れない。しかし、共産党独裁だけであれば、そのトップの意思決定は組織の総意を反映したものとなり、ある程度の合理的な決定が見込めるが、個人独裁となると個人的野望に駆られて非合理な意思決定に突き進むリスクが大きくなる。

鄧小平の「韜光養晦」には目もくれず、米国に挑戦状を叩きつけた習近平。その結果、比較的平和な時代だったポスト冷戦が終焉を迎え、世界が再び戦争の脅威に怯えなければならない新冷戦時代が始まった。ウクライナ侵攻に踏み切ったウラジーミル・プーチン露大統領と並んで、習近平が極めて危険な独裁者になろうとしているのは確かだろう。

第2章　中国との対決姿勢を強める米国

ペンス副大統領による「新・鉄のカーテン」演説

１９７２年２月21日、テレビのニュースは米国大統領として初めて北京空港に降り立ったリチャード・ニクソン大統領と出迎えた周恩来《しゅうおんらい》首相が堅い握手を交わしている場面を繰り返し流していた。自由主義陣営のリーダーである米大統領が共産主義陣営の中国を訪れるなど夢にも思っていなかったのに、現実の世界は想像を遥かに超えてダイナミックに動いているのだと、軽い興奮を覚えながらテレビ画面に見入っていたのを記憶している。

あれから50年、いまや世界第２位の経済大国にのし上がった中国は、強大な軍事力を背景にインド太平洋地域で領土・領海の拡張を暴力的に進めようとしている。しかも、習近平総書記が建国１００年の２０４９年までに「社会主義現代化強国」の建設を唱え、世界覇権を奪還すると米国に露骨な挑戦状を突き付けている。中国に西側世界を開放する関与政策に踏み切ったニクソンだが、まさかこんな時代がやって来るとは思いもよらなかっただろう。

しかし、ここまで来ると、関与政策を続けてきた米国もさすがに対中政策の転換を決意せざるを得なくなった。口火を切ったのが、トランプ政権時のマイク・ペンス副大統領だ。２０１８年10月４日にハドソン研究所で行った演説「トランプ政権の中国政策」は武力を伴わないものの、明らかな対中宣戦布告であり、メディアはチャーチル英首相の対ソ連演説になぞらえて「新・鉄のカーテン」演説と呼んだ。私自身、習近平の覇権主義をトランプ政権が快く思っていないのは感じていたが、ペンスの演説の中身を知って、ここまで露骨に中国批判をするのか、とびっくりしたものだ。

ペンスは「中国政府は総力をあげて政治的・経済的・軍事的手段およびプロパガンダを使い、影響力および利益の拡大を合衆国に仕掛けている」と強い調子で中国を非難した。ペンスが問題としたのは、中国共産党の拡張主義、通貨操作、強制的な技術移転、知的財産の窃盗、補助金など不公正貿易、盗みとった技術の軍事への転用、尖閣諸島や南シナ海での軍事拡大、人権抑圧の監視社会、一帯一路の中国マネーによる世界支配の画策、と広範囲にわたっている。

中国政府は当初、人権問題にうるさいバラク・オバマに代わってトランプ政権が発足したことで、トランプはうまく懐柔さえすれば、中国の言うことを聞くだろう、オバマより与《くみ》しやすいと思っていた節がある。じつはトランプは就任の年の２０１７年11月に訪中したのだが、その直前の９月に中国商務部貿易促進視察団が来日し、各官庁や経済団体を訪問し、最終日には私が早稲田大学の教室に招かれ午前、午後と講義することになった。彼らから与えられたテーマは「日米貿易摩擦と日本の対応」だった。

1960年代末からの日米繊維交渉に始まって90年代の日米構造協議まで日米貿易摩擦の歴史を説明したが、中国側の関心は個々の摩擦の内容を知るというより、日本の産官学がどう対応したのか、三位一体の対応はあったのか、というものだった。講義の合間に一緒に昼食をとった中国商務部の幹部から「トランプが来るので、どう対応してよいのやら、上から対策を考えろと言われて大変ですよ」とこぼしていた。

実際にトランプ訪中時の熱烈歓迎ぶりは凄かった。北京の故宮博物院を11月8日臨時閉館にして、習近平夫妻がトランプ夫妻をお出迎え、一緒に京劇を観賞するなど「国賓を超える」おもてなし、さらに米国製品の大量買い付けのセレモニーをお膳立てしてトランプのご機嫌をとるなど、貿易戦争を回避しようと必死になっていたのがひしひしと伝わってきた。しかし、ドライなトランプは歓待より実利優先のビジネスマンであり、習近平の思惑とは裏腹に、特段、得るものがないとわかると、2018年から対中追加関税を導入して習近平の顔を潰してしまった。

米中貿易戦争

トランプによる中国製品を狙い撃ちにした関税引き上げは2018年7月に中国製産業機械など340億ドルに25％の制裁関税を上乗せすることから始まった。その後、8月は160億ドルに25％、9月は2000億ドルに10％（その後25％に引き上げ）、19年9月は1100億ドルに15％の追加関税をかけるなど合計3600億ドルに達した。

当時、伊藤忠ワシントン事務所からトランプ関税の詳細なレポートが次々と送られてきたが、追加関税の中国ビジネスへの影響分析で、現地スタッフもグロッキー気味だった。伊藤忠は日中国交正常化以前に中国政府から「友好商社」のポストを与えられたのに始まり、のちに元会長の丹羽宇一郎氏が中国大使を務めるなど、中国とは特別の関係にあり、トランプ関税の行方は経営上、重大な関心があったからである。

関税以外にもトランプ政権は「2018年外国投資リスク審査現代化法（FIRRMA）」により、中国企業を念頭に米国に対する外国企業の関与をより厳しくチェックすることを決めた。それまでの米企業の支配権を獲得することを目的とした株式取得などの外国企業の投資審査に加えて、支配権獲得には及ばないが重要技術を持つ米企業への投資や米軍等の重要施設に隣接する不動産取得などが追加対象となった。

米国が最も神経を尖らせているのは中国による技術移転の強要、そして密かに情報入手用の部品をコンピュータに忍ばせるバックドアやサイバー攻撃による技術盗用という知的財産権の侵害である。2〜3年前に、日米政府に近く、中国にも頻繁に出かける知人が「中国に行ったら、プレゼントされたよ」ともらったスマホを喜んで見せるので、「バックドアが仕掛けられている可能性が高く、日米政府要人との会話やメールのやり取りを傍受される恐れがあるので使わないほうがいいですよ」とアドバイスした。

後から彼は「もらったスマホは家族とだけの私的利用に止め、政府関係者との交信用に別のスマホを買ったよ」と連絡してきたが、知人の防衛省幹部は「中国製はもちろん、中国と緊密な日本の通信会社のスマホでも家族には使わせない」と教えてくれた。中国のバックドアの怖さを知っているからだろう。

米国は2018年4月には通信機器大手の中興通訊（ZTE）との米企業の取引中止、8月にはトランプが「国防権限法2019」に署名して華為技術（ファーウェイ）やZTEなど5社の部品・サービスの米政府調達を禁止、さらに19年8月から米企業に対しても華為技術など5社からの製品、部品の調達を禁止するなど矢継ぎ早に手を打っている。

華為技術の創業者の任正非《じんせいひ》は人民解放軍出身であり、中国政府が「軍民融合」路線をとっている以上、中国の民間企業は西側の民間企業とは似て非なるものであり、安易に政府機関が取引を行えば、安全保障上の問題が生じかねない。米政府が華為技術とZTEの政府調達排除を同盟国にも要請し、ドイツ政府に対しては華為技術の「5G」を利用すれば、米国との情報共有を制限するとまで警告しているのはそういう背景があるからだ。

米国の対中関税引き上げに中国も報復関税で対抗したが、中国が米国から輸入している金額は年間1200億ドル、一方、米国には4倍以上の年5000億ドルを輸出しており、関税戦争を続けていけば中国側のダメージが大きくなるのは一目瞭然であった。

玉虫色の暫定合意

そこで2019年1月に貿易戦争を終結させる目的から米中貿易協議がスタートした。米側代表はライトハイザー通商代表とムニューシン財務長官、中国代表は劉鶴《りゅうかく》副首相で北京、上海、ワシントンで協議を続けた。

米中貿易協議で米側が取り上げた論点は米側の中国不信を列挙した内容からなっており、①中国による米国産品の大量購入の可能性、②中国の非関税障壁の撤廃、③人民元の競争的切り下げを禁じる為替条項の導入、④中国に進出している米企業に対する技術移転強要の禁止、⑤中国による米企業の技術盗用の禁止、⑥中国政府が支援するサイバー攻撃の禁止、⑦中国の国家資本主義的な産業政策の改革、⑧中国側の貿易協定違反の際、米国に一方的な制裁発動の権利を与える、⑨中国の合意履行を監視するために現状の追加関税を撤廃しない、などである。

1年間の協議の後、2020年1月に米中両国政府はフェイズ・ワンの合意に漕ぎ着けた。合意内容は①相互評価と紛争解決、②技術移転の強要禁止、③知的財産権侵害の解決、④人民元切り下げなど中国の為替政策の見直し、⑤中国金融サービス市場の開放、⑥米農産物への中国の市場開放、⑦中国の米国からの輸入拡大であった。

しかし、右記の合意した7項目中、具体性のあるのは⑥と⑦だけに過ぎない。中国が対米輸入を2年間で2000億ドル増やす、米国の農産品については2017年の240億ドルを基準に2倍の年400億～500億ドルに拡大することであり、それ以外の合意項目については具体性がなく、着実に履行されるか否かは不透明のままである。

フェイズ・ワンでは補助金などコアの不公正競争の問題は先送りされたし、中国にとって米国が要求する国有企業重視の産業政策の改革は中国共産党が主導する社会主義体制を否定する要求であり絶対に受け入れられない。ワシントンの知人は「トランプも大統領選挙を控えて有権者に成果をアピールしなければならないので、合意が難しい補助金問題は先送りして、決裂を回避した方が得策と考えたのだろう」と語っていた。

米中貿易協議の合意文書の調印式では選挙公約を守ったと自信満々のトランプがライトハイザーやムニューシンを差し置いて署名するなど大統領選挙向けのショー的要素が強かったが、その後、特に目立った効果は見られなかった。トランプはフェイズ・ワン合意は変化の始まりと述べるに止まり、大統領選挙までは米中貿易戦争は一時休戦として、再選の暁にフェイズ・トゥーの協議を再開する腹づもりだったとみられる。

ペンス演説に始まった中国敵視政策は、マイク・ポンペオ国務長官が2020年7月23日カリフォルニアのニクソン大統領ライブラリー・ミュージアムで行った「共産主義の中国と自由世界の将来」の演説原稿を読むと、より先鋭化しているのがわかる。1972年のニクソン訪中以降、中国の体制変化（民主化）を促すために米国がとってきた「妄信的な関与政策（blind engagement）」は失敗だったと決めつけ、関与政策からの決別を宣言しているからだ。

ニクソンは「中国が変わらなければ世界は安全でない」との信念から、米中国交正常化で中国が豊かになれば、自由化、民主化が進み、中国は世界の脅威ではなくなると考えた。しかし、ポンペオはそのようなナイーブな思考は捨てるべきであり、関与政策は誤りだったと結論づけている。事実、関与政策を導入したニクソンが世界を中国共産党に開放したことで「フランケンシュタイン」を創り出してしまったのではないかと心配していたとのエピソードまで披露している。

ポンペオの中国批判は香港での民主派弾圧、新疆《しんきょう》ウイグル自治区での人権弾圧、インド太平洋地域での海洋進出、力による一方的な現状変更、知的財産権の侵害などを指摘して、中国は世界支配のためには平気で法を破る、中国共産党政権がマルクス・レーニン主義政権であることを忘れてはいけない、習近平は破綻した全体主義の信奉者であり、中国共産党が世界覇権を握るのが望みだと強い調子で非難している。

さらに、冷戦時代にレーガン大統領はソ連に対し、「信用するが、検証する（trust but verify）」として取引したが、我々はいま、中国共産党を「疑い、検証する（distrust and verify）」を基本として、言葉ではなく行動で評価しなければならない、と述べ、そして、ウィリアム・バー司法長官の「中国の支配者の最終的な目的は米国と貿易することではない。米国を攻撃することである」という言葉まで引用している。

ただし、米ソ冷戦時代とは異なり、すでに中国は関与政策の結果、自由世界に組み込まれているので、単純に対中封じ込めとはいかない。自由を守るという共通の価値観を有する民主主義同盟の構築を通じて中国に対抗する外交力の重要性を指摘している。このポンペオ国務長官の対中外交方針はバイデン政権にも引き継がれており、むしろ一段と対決姿勢を強めていると言ってよい。

米政権が中国を唯一の競争相手と認識

バイデン大統領は2021年1月の就任以来、中国とロシアを念頭に「世界は民主主義と専制主義の闘いに直面している」と繰り返し述べてきたが、22年10月に発表した48ページにわたる「国家安全保障戦略」の中で詳細かつ具体的な対中安全保障戦略を提示している。

「中国は国際秩序を変更する意図を持ち、かつ実行する経済、外交、軍事、技術力を有する唯一の米国の競争相手である」というのがバイデン政権の基本認識である。そして、中国は海洋進出、国際法を無視して南沙諸島などに人工島を作り軍事基地を建設するなど、インド太平洋地域での勢力圏を拡大しているが、それに止まらず世界覇権の野望を持っており、その目的のために世界のルールを中国に都合の良いものに書き換える試みを展開している、と主張している。

米国は専制国家中国に対抗して、自由で開かれた世界、繁栄と安全な世界を維持していくために、対中安全保障戦略として①米国のパワーと影響力の源泉である国内資源や技術への投資を増大させる、②グローバル戦略を構築し、できる限り強固な国の連携を構築する、③戦略的競争の時代に備えて米軍の近代化と増強を実施する、と表明している。

①の国内投資に関しては世界は数十年に一度の大きな転換点を迎えており、急速な技術進歩、グローバル・サプライチェーンの寸断、市場原理を無視して暴走する中国、気候変動危機などリスクの大きい分野へは政府が公共投資を行い、産業政策を重視して強い産業とイノベーションの基盤を築き、競争力を押し上げることが不可欠と考えている。

特に米国の競争力と安全保障にとって半導体サプライチェーンが極めて重要であるとの認識から、2022年8月に成立した「CHIPS及び科学法」では5年間で2800億ドルの予算を使い、半導体、先端コンピューティングシステム、次世代通信技術、未来のためのエネルギー技術、バイオテクノロジーなど重要分野でのR&D投資に対して資金援助や税額控除を与えるとしている。

加えて米商務省は2022年10月に輸出管理規則の強化を発表している。目的は中国が先端コンピュータチップを獲得したり、スーパーコンピュータの開発を維持したり、先端半導体の製造能力を持つことを制限するためである。これらは大量破壊兵器などの先端軍事システム、軍事的意思決定、そして計画と輸送のスピードと正確さの改善に利用される恐れがあるからだ。

②のグローバル戦略に関しては自由、オープン、繁栄、安全な世界を維持発展させるとの目標を共有する国家との連携が戦略の核心であるとしているが、ルールに基づく国際秩序を支持する国であれば、民主、人権で立場を異にしていても、できる限り行動を共にするという「包括的連携」を掲げているのが興味深い。背に腹はかえられぬということだろう。

しかし、米国の包括的連携重視の方針にもかかわらず、同盟国以外との連携については必ずしも思惑通りにはいっていない。サウジアラビアのムハンマド皇太子はバイデン政権の意向を無視して中国に接近する独自外交を展開し、中国の仲介で対立するイランとの国交正常化で合意した。これは中国外交の勝利であり、米国は中東での影響力を大きく削がれる結果となった。このように中露はBRICSに加えてサウジアラビアなどエネルギーや食糧を占有する国々を加えた「BRICSプラス」を構築し、天然資源を武器にグローバルサウス（途上国）を自陣営に引き込み、新冷戦の主導権を握り、米国に対抗する構えである。

バイデン政権は同盟国との共同防衛に関して、軍事力を強化しつつある中国の脅威を「体制上の挑戦」と位置づけたNATO、さらにAUKUS（米英豪安全保障協力）やQUAD（日米豪印戦略対話）の枠組みの中でインド太平洋地域での海洋安全保障を確立すると共に、防衛、技術、テロ対策、サイバー防衛でも実践的な協力を推進することで合意している。

さらに米欧大西洋同盟とインド太平洋同盟の統合を念頭に、協力関係強化を推進するとしているが、実際に中国を念頭に東シナ海での日米、南シナ海での日米欧加NZなどが合同軍事演習を実施するなど、大西洋、インド洋、太平洋の海洋安全保障体制の統合に向けた動きが進み始めているのは注目される。

③の米国の軍事力については中国の軍拡に対抗して米軍を増強するが、ウクライナ戦争でも認知されたようにドローンの使用、GPSによる位置情報の把握、通信技術等の進化により戦争の様式が大きく変化しており、戦争の進化に対応すべく、サイバーテクノロジ

ー、宇宙開発、ミサイル、AI、量子コンピュータ分野への投資を積極化させる方針だ。

もちろん、米国は核抑止力を軍事的最優先事項と位置づけており、核大国の中国やロシアが近代的かつ多様な戦略核と地域戦術核の編成を進めていることに対抗して、核インフラ及び「核の3本柱（nuclear Triad）」である3C、すなわちcommand（指揮）、control（統制）、communication（通信）の近代化を進める方針である。

このように米国の対中安全保障戦略は産業政策を重視して産業基盤の強化を行い、同盟国・パートナー及び法の秩序を尊重する多くの国々との包括的連携を拡大し、軍事力については先端技術を駆使して兵器の近代化と核抑止力の強化を行い、中国の脅威に対抗する構えである。

2022年5月、アントニー・ブリンケン国務長官は、「中国がもたらす挑戦は米国の外交に対する前例のない試練となる」と述べていたが、その対策として22年12月に部局横断の政策調整や情報共有の強化を目的として、専門部署「中国調整部（Office of China Coordination）」、通称「チャイナ・ハウス」を国務省内に新たに設置した。米国が本腰を入れて、中国の世界覇権阻止に向かって動き出しているのがよくわかる事例だ。

台湾有事と米国の曖昧戦略

２０２２年８月台湾海峡に極度の緊張が走った。ナンシー・ペロシ米下院議長の台湾訪問である。直前に「火遊びをすれば必ず身を焦がす。人民解放軍は座視しない。断固として強力な報復措置をとる」と中国側は強く威嚇、本気でペロシ議長の乗った飛行機を撃ち落とすのではないかと世界は緊張した。

しかし、中国の警告に怯《ひる》むことなく、ペロシは台湾訪問を強行し、蔡英文《さいえいぶん》総統の前で「今日、世界は民主主義と専制主義のいずれかの選択を迫られている。台湾の民主主義を守る米国の決意は鉄壁である」と述べた。面子《メンツ》を潰された中国はペロシ帰国後に、台湾を取り囲むように海空域６ヵ所で軍事演習を実施し、中国本土からミサイルを発射するなど過剰な反応に世界が驚愕した。

中国は米大統領継承順位２位のペロシ下院議長の台湾訪問は「世界に中国は一つしかなく、台湾は中国の領土の不可分の一部」という「一つの中国」を認めてきた米国側の約束違反と強く非難している。台湾は中国にとり「核心的利益」であり、他国の介入を許さず、必要とあらば武力統一も辞さないというのが習近平の方針であり、平和的解決はますます難しくなってきているようだ。

1971年の国連決議で「中華人民共和国政府の代表が国連における中国の唯一の合法的な代表である」ことが採択されているので、台湾を実効支配している中華民国政府は非合法組織であり、武力鎮圧は内政問題であり、他国の干渉を許さないというのが中国側の言い分である。

ニクソンは米ソ冷戦を優位に進めるため、さらにベトナム戦争終結を急ぐため訪中し、中華人民共和国を唯一の中国の政府として認め、中国との関係正常化を進めることを約束した。その後、米国は世界を中国に開放する関与政策を進めて中国の経済発展を支援し、中国が豊かになることで民主化が進むことを期待していたことは前に触れた。

米国は1979年1月の米中国交樹立に伴い、中華民国と国交を断絶し、米華相互防衛条約も終了したが、新たに台湾関係法を制定して、引き続き台湾への武器供与を可能とし、かつ台湾有事の際に米軍が軍事行動を発動するか否かのオプションを大統領に委ねることにした。米国の台湾政策「曖昧戦略」はこの時から始まる。

中国は21世紀に入ると拡大する経済力を背景に軍備増強に走り、覇権主義的な行動が露骨になってきたので、米国はトランプ政権時代に対中関与政策を放棄、対決姿勢をあらわにしている。

一方、習近平は「中華民族の偉大な復興」という「中国の夢」を自分がトップの座にいる間に実現させたいという欲求が強く、台湾統一は最優先事項の一つとなっている。2022年8月、中国は22年ぶりに「台湾統一白書」を発表し、台湾問題の基本方針は「平和的統一」と「一国二制度」が前提であるとしつつ、「武力行使の放棄は約束するものではない」と明言している。このフレーズは2ヵ月後の中国共産党大会の習近平演説でも繰り返されている。

それでは中国は台湾に武力侵攻するのだろうか。もし、中国が台湾侵攻に踏み切った場合、「曖昧戦略」をとっている米国が台湾への軍事介入を決断するか否かは米世論次第であると思われる。中国は米世論を見ながら、米政府が軍事介入できないと判断した時点で「一つの中国」の完成のために台湾武力統一を実行に移すだろう。もちろん、米軍介入の可能性が大きければ手は出せない。米中戦争という最悪の事態は中国も避けたいからだ。

よって、バイデン大統領は軍事面では軍事介入をちらつかせながら「曖昧戦略」を堅持し、中国が台湾に侵攻すれば、ロシアと同じく金融も含む厳しい経済制裁を科すと事前に強く警告しておく必要がある。それでも習近平は毛沢東と並ぶ偉大な指導者として後世に名を残したいという個人的野望のために、大きなリスクを冒してでも軍事侵攻に踏み切るかもしれない。習近平の総書記３期目が台湾問題で極めて緊張が高まる５年間となるのは必至である。

第3章　プーチンリスクとウクライナ戦争

NATO東方拡大の恐怖

２０２２年2月24日にロシア軍がウクライナ侵攻を開始した時、侵攻はないと確信していたロシア専門家の多くはショックで顔色を失っていた。私の周りでは唯一、元ドイツ大使の高野紀元《たかのとしゆき》氏が侵攻前に「ウクライナはロシアの母なる大地、キエフ大公国の土地だという思いから、西側に加わることはプーチンが絶対に許さないだろう」と侵攻の可能性を指摘していた。

しかし、ウクライナ戦争が1年以上も続くなど誰も予想できなかったし、侵攻を決断したプーチンのいまの精神状態は不安と恐怖に駆られて崩壊寸前と推測される。プーチンはなぜウクライナ侵攻に踏み切ったのだろうか。一言で言えば、ウクライナのＮＡＴＯ加盟を許さない、に尽きるかと思われる。

ソ連が崩壊し、ウクライナが独立を宣言した１９９１年時点ではＮＡＴＯ加盟国数は16ヵ国だったが、99年以降に東欧諸国の加盟が続き、２０２３年にフィンランドが加盟したことで31ヵ国と倍増している。プーチンの目にはＮＡＴＯが西から東に向かってどんどん押し寄せて来ているように見えるのだろう。もし、ウクライナがＮＡＴＯに加盟すれば、ロシアは大きな緩衝地帯を失ってしまう。この精神的ストレスがプーチンを蝕《むしば》んでいるようだ。

プーチンが頭にきているのはＮＡＴＯの東方不拡大を約束した米国がロシアを裏切ったからだ。東西ドイツの統一交渉をやっていた１９９０年2月にジェイムズ・ベーカー米国務長官はソ連共産党書記長のミハイル・ゴルバチョフに向かって「統一ドイツがＮＡＴＯに留まることができれば、ＮＡＴＯの範囲を東方に１インチたりとも拡げない」と述べた。しかし、実際は今日までＮＡＴＯの東方拡大が続いてきたので、プーチンは「東方に１インチも拡げないと言ったではないか。我々は騙された」と繰り返し発言しており、個人的にも強い恨みを持っているのは間違いない。

１９９０年の交渉過程では、西独のヘルムート・コール首相とハンス・ゲンシャー外相は何がなんでも東西ドイツの統一を実現させたいという思いから、ゴルバチョフを納得させようと東方不拡大を唱え、それにベーカー国務長官が乗ってきたという経緯がある。それを考えると、ソ連と米独の双方に東方不拡大での暗黙の了解があったと見るのが自然だろう。ただし、合意文書がないので如何《いかん》とも確認のしようがない。

ロシアが非難する米国の約束違反だが、背景には冷戦終了後に、米国の影響力が欧州から排除されることを警戒した米国の深慮遠謀があったのではないかと推測される。欧州政府機関の友人によれば、「元々、ドイツやフランスという欧州の大国には、欧州大陸の安全保障はロシア抜きでは成立しえないという伝統的な考え方がある」とのこと。冷戦終了というタイミングでコール首相などは米国の干渉を排除して、欧州主導で全欧州安全保障体制を構築したいという考え方を持っていた節が見受けられる。

しかし、統一ドイツが巨大な経済力を背景に欧州でヘゲモニーを持ち、そこにロシアが接近して、欧州のことは欧州で決めるなど米国外しに動かれると、ポスト冷戦の新秩序形成を主導したい米国にとって極めて都合が悪い。よって、独露間にくさびを打ち込みたいという思いから、戦前はナチに、戦後はソ連に蹂躙され、対ドイツ、対ロシア感情が良くない東欧諸国のＮＡＴＯ加盟を画策したと思われる。ＮＡＴＯ東方不拡大の約束が反故にされたので、もはやロシアが参加する全欧安保という構想は雲散霧消してしまった。結果を見ると、米国の戦略勝ちに映る。

一方、ソ連崩壊後のロシアにとって西側同盟国の一員となるという選択肢はなかったのか。ロシアは中国とは違い、軍事大国ではあるが経済的には小国に過ぎず、西側の一員となればいずれ大国ロシアでなくなる可能性が大きい。笹川平和財団主任研究員の畔蒜泰助《あびるたいすけ》氏によればロシアの政治エリートの間では「大国でないロシア」は受け入れ難いというメンタリティが根強くあるようだ。

プーチンは大国ロシアを維持する方策として帝政ロシアの復興に活路を見いだそうとしている。プーチンがロシアの偉人として崇拝するのが17～18世紀に北ヨーロッパ最強国家だったスウェーデンと戦い、バルト海南岸を獲得して帝政ロシアを築いたピョートル大帝だ。プーチンはピョートルと自分を重ね合わせ、帝政ロシアの復興こそが使命と考え、ウクライナに侵攻、いずれバルト三国、東欧諸国を再び支配下に置くことを夢見ているようだ。これは「中華民族の偉大な復興」という「中国の夢」を唱え「力による一方的な現状変更」を進める習近平と重なる。

また、プーチンはかつての東ローマ帝国を引き継ぐのはロシアであり、ギリシャ正教を源流とするロシア正教を崇め、東ローマ帝国の復活と皇帝として君臨する野望を持っていると言われるが、ここまで来ると時代錯誤も甚《はなは》だしいとしか言いようがない。

親露派と親欧米派で揺れたウクライナ

1991年に独立を宣言した後のウクライナ政治情勢は親露派と親欧米派の対立が続

き、非常に不安定だった。ロシアがウクライナに武力で介入するきっかけとなったのが2014年のマイダン革命である。2010年に大統領に就任したヴィクトル・ヤヌコビッチは就任早々、クリミア半島セバストポリのロシア黒海艦隊の駐留を17年から25年間延長させる合意文書をロシアと調印するなど親露政策を推進する一方で、EUとの政治貿易協定にも前向きで仮調印まで済ませたが、ウクライナのEU接近を快く思わないロシアの圧力に屈して、正式な調印を断念してしまった。

そこで親欧米派の反発が強まり、2014年には反政府の抗議運動が全国に拡大して、ウクライナは騒乱状態に陥り、生命の危険を感じたヤヌコビッチは2月、キーウを脱出してロシアへ亡命してしまった。これは抗議運動の聖地「独立広場《マイダン》」にちなんでマイダン革命と呼ばれ、ウクライナのロシア離れは決定的となった。ロシアは間髪を入れず、電撃的にロシア軍と見なされる武装勢力をクリミアに進駐させて、3月にはクリミアを併合してしまった。ウクライナ憲法では領土変更は国民投票で決定すること、国際法では領土の帰属変更は当該国同士の合意が必要であり、ロシアによるクリミア併合は違法であるとウクライナ政府や欧米が強くロシアを非難したが、ロシアは聞く耳を持たない。

ロシアはクリミアが住民投票でロシア編入を決定、クリミア議会が独立を宣言したので、クリミアのロシア編入を承認したのであって、法的にクリアされていると主張している。法的な理屈はともかく、ロシアにとって、親露派のヤヌコビッチ政権が倒れ、NATO寄り、EU寄りの政権ができると、セバストポリのロシア黒海艦隊の行動に支障が生じるため、クリミア併合を強行したわけだ。

クリミア併合と時を同じくして、ウクライナ東部ドンバス地方（ドネツク州とルハンシク州）で親露派の武装勢力とウクライナ政府軍との内戦が始まった。この戦闘にはロシア軍が正体を隠して、いわゆる「ステルス支援」を行っていたので、親露派の優位で進行したと言われる。その後、東部内戦を終結すべく、2014年と15年の2度にわたる停戦合意（ミンスク合意）が調印されたが、履行の実現性に問題のある停戦合意であった。

この停戦合意を反故にする動きに出たのが2019年に大統領に選出されたウォロディミル・ゼレンスキーである。当初、ゼレンスキーは東部2州に幅広い自治権を与えるミンスク合意の履行に前向きだったが、国内民族派の猛反発にあって支持率が急落したので、方針を一変させて、ミンスク合意の反故、NATO加盟の模索、核放棄を決めたブダペスト覚書の再検討、さらに東部親露派武装勢力へのドローン攻撃と動いたので、プーチンのウクライナ侵攻の決断が早まったと見られている。

ウクライナ軍需産業に依存するロシア

じつはロシアがウクライナのNATO加盟阻止にこだわる理由がもう一つある。日本人にはあまり知られていない情報だが、ウクライナ財務大臣アドバイザー田中克氏《たなかまさる》によると、ロシアはソ連時代からウクライナの軍需産業に大きく依存していたとのことである。ロシア戦闘機のジェットエンジン、ミサイルのロケットエンジンなどはウクライナ製のものが多く、ウクライナのNATO加盟を許せば、ロシア軍に致命的な影響を与えることになりかねない。すでにクリミア併合後の対ロシア制裁でこれら重要部品のロシア向け輸出は禁止されているはずだが、ワシントンの情報筋はロシアは密かに中国経由で入手していると教えてくれた。

軍事関連で事例を紹介しておきたい。一つは2017年頃から中国企業が先端ジェットエンジン製造、航空機・ヘリコプター製造、航空運営会社のウクライナ企業モトール・シーチ（Motor Sich）の株を買い始め、21年の臨時株主総会で買収を決議しようと動いたのだ。裏にはロシアがいると言われるが、仮にモトール・シーチが中国の手に渡れば、西側の安全保障上、大きな脅威となりかねない。

そこでG7、特に日米政府の懸念を受けて、ウクライナ保安庁（SBU）が臨時株主総会に突入して実力行使で買収を阻止した。その後、ウクライナ政府はモトール・シーチの国有化に踏み切ったために、中国の買収計画は水の泡と消えたのである。なお、このモトール・シーチ買収に関わっていた中国の杜偉《とい》駐イスラエル大使（前駐ウクライナ大使）、ウクライナのカミシェフ駐中国大使がいずれも赴任地の大使公邸で亡くなるなど、奇妙な事件が起きている。

また、ロケットエンジンに関してはウクライナ企業ユージュマシュ（Yuzhmash）の技術が北朝鮮と中国に流出し、中国の宇宙ステーション「天宮」、月面基地建設用の資材運搬用ロケット、ロシアのソユーズロケット、北朝鮮のICBMにも流用されているようだ。それからウクライナ製で世界最大の輸送機アントノフ225の製造ライセンスをポロシェンコ前大統領が中国に供与し、中国は「天宮」への「補助宇宙船軌道投入用」としてアントノフ225を使用すると言っていたが、戦闘機などへの空中給油機として軍事転用を図っているとのことである。

さらに、旧ソ連の空母、軽空母、軍艦はウクライナのミコライウ市の黒海造船工場で製造されていたが、うち1988年に進水した空母「ヴァリャーグ」はソ連崩壊後、完成までの建造資金が続かず、92年に工事を中止、スクラップとして売却の予定を、マカオの中国企業が海上カジノ目的と称して買収した。G7はこの中国企業の社長が人民解放軍の退役軍人であり、軍事転用の恐れがあるとして反対したが売却されてしまった。案の定、「ヴァリャーグ」は中国初の空母「遼寧」として生まれ変わり、現在就役中である。また、製造中にソ連が崩壊したため解体された原子力空母「ウリヤノフスク」の設計図もロシア経由で中国が入手している。

致命的だったウクライナの核放棄

今回、プーチンのウクライナ侵攻を自由にやらせてしまった原因の一つはウクライナが保有していた核を放棄したからだ。1991年のソ連崩壊後も旧ソ連邦のウクライナ、ベラルーシ、カザフスタンの3ヵ国にはソ連時代の核兵器が残存していたが、ウクライナは短距離戦術兵器や空中発射巡航ミサイルなど1800発もの核兵器を保有していたと伝えられる。この残存する核兵器がテロリストに渡ることなく、廃棄、あるいは安全に他国に移転することはポスト冷戦時代の核管理という視点で極めて重要だった。

核放棄に関する話し合いは難航していたが、1994年1月にビル・クリントン米大統領、ボリス・エリツィン露大統領、ウクライナのレオニード・クラフチュク大統領の間で核兵器の解体と核物質保管のための技術支援、及び8億ドルの財政支援で合意したことから動き始め、ブダペスト覚書に漕ぎ着けた。その内容はウクライナ、ベラルーシ、カザフスタンの核兵器不拡散条約（NPT）への加盟とロシアに核兵器を引き渡す見返りに、ロシア、英国、米国が安全を保障するというものである。

具体的には米英露が①この3ヵ国の独立、主権、国境を尊重する、②この3ヵ国の領土保全または政治的独立に対する威嚇や武力行使を控える、③この3ヵ国に政治的影響を与える目的で経済的圧力を行使するのを控える、④この3ヵ国が侵略の犠牲者、または核兵器使用の侵略の脅威に晒されれば、支援のため即座に国連安保理事会に行動を要請する、⑤この3ヵ国に対する核兵器の使用を控える、からなっている。

だが、ウクライナの安全を保障したロシア自身が侵略者としてウクライナを蹂躙している現状を見るにつけ、国際的な取り決めの信頼性がいかに心もとないかを思い知らされる。

核兵器を放棄したことでウクライナの防衛力が著しく低下したのは明らかであり、仮にブダペスト覚書なかりせば、ウクライナ保有の核兵器が抑止力となって、ロシア軍の侵攻はあり得なかったと思われる。ゼレンスキーがロシアの侵攻前にブダペスト覚書を再検討すべきと発言したのは、そのリスクを考慮に入れてのことであり、ウクライナ戦争はまさに核抑止論を証明する事例となった。ウクライナ戦争をきっかけに核抑止論に目覚めた国が増えてきており、ポーランドのアンジェイ・ドゥダ大統領は「結局のところ、核兵器を保有していないことが問題なのだ」と述べ、ロシアの脅威に対抗するため米国に核共有を打診している。

西側のロシア制裁

ロシアがウクライナ侵攻を開始するや、西側諸国は事前に予告していた通り、ロシア経済制裁に踏み切った。制裁の中身はロシア経済に致命的な影響を及ぼす深刻なもので、時間が経過すればするほどボディブローのように効いてくる。それは大きく分けて金融制裁と貿易制裁の2つからなっている。

金融制裁のうち、まずEUは米国など同盟国と協議の上で、貿易取引や資本取引の決済用の国際送金ネットワーク「SWIFT」からロシアの銀行の排除を決めた。SWIFTを使った決済ができなければロシア貿易は縮小せざるを得ないのでロシアにとっては大きな痛手だ。次に基軸通貨国である米国はロシア最大手銀行ズベルバンクを含むロシアの銀行をテロリスト、国際犯罪者などに制裁を科す特別指定国民（ＳＤＮ）リストに掲載してドル決済を禁止する措置をとった。

さらに、米国はロシア中銀と米企業との取引を禁止したため、ロシア中銀が米金融機関に預けている外貨準備の半分に相当する３０００億ドルのドル資産が引き出せなくなり、ロシア中銀はルーブル買い支えのドル売り介入ができなくなった。また、ロシア企業の新規債券、株式取引の禁止やロシア中銀の債券市場への参加も禁止したので、ロシアはマーケットから資金調達ができない状況に陥っている。

貿易制裁に関しては、米国は貿易上の制限リスト（Entity List）に掲載した軍事関連のロシア企業向けの輸出を禁止、また外国企業が米国の技術を利用して生産した製品の対ロシア向け輸出も禁止したので、日本など西側諸国の対露輸出に大きな影響を与えている。

さらにエレクトロニクス、コンピュータ、ドローン、暗号デバイスなど先端技術及び油田・ガス田関連機器については米国、ＥＵ共にロシア向け輸出を禁止した。

輸入については米国はロシア産原油、天然ガスの輸入を禁止した。ＥＵは当初、石炭及び固形化石燃料の輸入禁止に留まっていたが、原油輸入の禁止に踏み切り、天然ガスについてはロシアが報復としてＥＵ向けのガスパイプラインを止めたので、輸入がストップしてしまった。

投資規制については米国がロシアへの全面的な新規投資を規制し、ＥＵはエネルギーセクターへの投資を禁止している。また、ロシア向けの最恵国待遇の撤廃、プーチン大統領、ラブロフ外相、オリガルヒ（新興財閥）などに対する個人制裁を実施している。

経済制裁の効果についていろいろな意見があるが、金融制裁で貿易決済に支障が生じており、製品や部品、生活物資などが不足しているのは確かだ。ロシア制裁をやめるよう脅しとして使ったＥＵ向けの天然ガス供給停止は外貨獲得のチャンスをみすみす放棄してしまった。中国とインドが代わりにガスを買ってくれているが、失われたＥＵ向け供給量をどれだけ補ってくれるのか定かではない。

プーチンは２０２２年半ばに「ルーブルはウクライナ侵攻前よりルーブル高になっており、欧米のロシア経済を崩壊させる制裁は失敗した」と強がっていた。確かにルーブル相場は22年3月初旬に1ドル＝１４０ルーブル近くまで急落した後、一時50ルーブルまで上昇していた。これを根拠に経済制裁は効いていないとプーチンは言うのだ。

しかし、ドル決済禁止、西側からの輸入激減、ロシア中銀による資本規制、という状況下でのルーブル相場は実勢を反映していない。実際、ロシア中銀は外貨を獲得したロシア企業にルーブルへの交換を強要しており、ハードカレンシーのドルを保有しておきたい企業は不満たらたらとのことである。日本のメガバンクの為替ディーラーに聞いてみたところ、「西側の為替市場ではドル・ルーブルの取引は成立しておらず、掲示板には単に気配値が示されているだけで、ルーブル相場は参考にならない」と教えてくれた。

また、ロシア銀行最大手ズベルバンクのグレフCEOは「経済制裁によりロシアは貿易の半分が断たれた。これはロシアGDPの15％に相当し、経済の大部分は火の車だ。経済を（侵攻前の）2021年の水準に戻すのに10年はかかる」とプーチンと正反対の意見を披露したが、経済制裁の最前線にいるロシアバンカーの偽らざる証言と言えよう。

ウクライナ戦争の行方

当初、ロシアが描いていた侵攻後3日でキーウを落として、ウクライナにロシア寄りの傀儡《かいらい》政権を誕生させるという目算は大きく外れてしまった。陳腐化したロシアの軍事作戦、冷戦時代に活躍した古い戦車などで戦うロシア軍はIT、ドローン、NATOの高度な情報などで防備を固めたウクライナ軍の抵抗にあい、早々にキーウ占領を諦め撤退し、東部、南部のウクライナ4州に兵力を結集し、激しい戦闘を続けている。

物量では勝るロシアの侵攻を食い止めるために、NATOはウクライナに大規模な軍事支援を行っている。携行型対戦車ミサイル「ジャベリン」、携行型対空ミサイル「スティンガー」、自爆型ドローン「スイッチブレード」や「フェニックスゴースト」、世界最強戦車と言われる「レオパルト2」、高機動ロケット砲システム「ハイマース」など多彩であるが、あくまでウクライナ領内での戦闘に留めるよう、射程距離の長いものは渡していない。プーチンが核のボタンを押すのを危惧しているからだ。よって、なかなか戦闘では決着がつきにくい構造になっており、先の見えない膠着した戦いが続いている。

ロシア国内でクーデターが起き、プーチンが失脚して停戦ないし終戦となるサドンデス・シナリオか、膠着状態の長期化で厭戦ムードが高まり休戦交渉に向かうシナリオか、軍事専門家でも読めないようだ。ウクライナ侵攻がロシアの総意として決定されたというよりは、帝政ロシアの復活と自らの皇帝化を目指す独裁者プーチン個人の決定という性格が強いので、伝統的な外交政策での解決は難しく先行きは不透明と言うしかない。

一方でウクライナ戦争が西側の結束を強めたのは確かである。2020年に英国がEUから離脱（Brexit）してから、ずっと揉めていた北アイルランド問題が一気に解決してしまった。英国の一部である北アイルランドはアイルランドとの関係が深いため、Brexit

後もアイルランド国境には検問所を設けなかったが、逆に同じ国内なのに英本土との間で検問所が設置された。この検問所を巡る争いが英国とEUの紛争の火種だったが、急遽、2023年2月に税関検査を大幅に緩和することで合意してしまった。

欧州委員会の知人によれば「ロシアに対抗し、欧州が団結するために必要な措置であり、ウクライナ戦争に比べれば、北アイルランド問題はピーナッツ（取るに足りない）だ」と述べている。ガスの供給停止などで欧州を分断しようと画策したプーチンの思惑とは裏腹に欧州は固い結束の意思を示しており、同時にこの北アイルランド合意の裏で「米国の圧力があった」ことも認めている。米国の本気度が伝わる話でもある。

ちょうど同じタイミングの3月にこれまで日韓関係に致命的な悪影響を及ぼしていた元徴用工訴訟問題が日本企業の賠償支払いを韓国の財団が肩代わりすることで一気に解決した。中国や北朝鮮の脅威が現実化しているのに、いつまで同盟国同士でいがみ合っているのか、という米国の圧力があったようだ。新冷戦への移行が暗礁に乗り上げていた日韓関係を正常化させたわけであり、北アイルランド合意と同じ構図になっている。

ウクライナ戦争の日本への影響

ウクライナ戦争で日本も対露制裁に加わったことで、プーチンは日本の商社などが出資しているロシア極東の石油・天然ガスプロジェクト「サハリン1」と「サハリン2」の事業をロシア新会社に移管する大統領令に署名、米系石油会社は撤退したが、日本企業は新会社に出資して引き続き事業に参画することを決めた。

しかし、いまとなっては幸いしたが、日本とロシア間に平和条約が結ばれていないために、日本の対ロシア貿易は貿易総額のわずか1・4％、直接投資残高は0・1％に留まっている。もし、平和条約が結ばれていたら、ロシアブームで大規模な投資が行われていたのは確実なので、もっと重大な打撃を被っていたと想像される。長年にわたりロシアと蜜月関係を作ったドイツの現在の苦境と比べれば天と地ほどの差である。

第４章　緊張度を増す日中関係

祝賀ムードなき日中国交正常化50周年

電撃的なニクソン訪中のわずか7ヵ月後の1972年9月、自民党総裁選で台湾支持派の福田赳夫に勝って総理に就任したばかりの田中角栄が中国を訪問、周首相との交渉を経て日中共同声明に調印し、ついに日中国交正常化が実現した。78年には日中平和友好条約が締結され、長い長い日中戦争は終わりを告げた。じつはこの年から中国で鄧小平の改革開放路線がスタートしているのは偶然の一致か、興味深い。

国交正常化が実現した後、日本側は日中戦争における中国侵略への贖罪の念から中国の経済発展を真摯に支援する一方、中国側も日本の技術力、経済力を頼りとし、日本の戦後の経済発展に学ぶ謙虚さを示すなど、日中間には友好ムードが溢れていた。1996年に放送されたNHK日中共同制作ドラマ『大地の子』でも取り上げられたが、新日鉄の支援で建設された宝山製鉄所など、対外開放で直接投資を受け入れることになった中国に対し、日中協力の旗のもと、日本企業は積極的に対中投資、技術支援を行い中国経済の発展に大きく貢献した。

あれから50年が経過したが、日中関係は一変し、目前で展開しているのは尖閣諸島周辺で頻発する中国海警局船舶の領海侵犯や中露爆撃機による日本周辺での共同飛行訓練などである。日中国交正常化に尽力した先人たちがこの緊迫した状況を見れば、一体、この50年で何が起きたのかと訝ることだろう。残念ながら緊張度を増す日中関係から国交正常化50周年を記念する祝賀ムードは微塵も感じられなかった。

バブル崩壊後、対中投資に活路を求めた日本企業

このような事態に至った最大の理由は中国が経済発展するにつれて軍事力を背景に、過去に奪われたと主張する領地・領海の奪還を露骨に進めようとしているからである。日中友好のために良かれと思って進めてきた経済支援が中国軍事力の増大というブーメランとなって日本の安全保障を脅かすことになるとは、誰が予想したであろうか、実に忸怩たる思いがある。

日中国交正常化以降、日本の対中投資は急速に増加したが、特に1985年と92年の大きな出来事が節目となって加速度的な伸びを示し始めたことがわかる。それは「プラザ合意」と「南巡講話」である。

1985年9月22日ニューヨークのプラザホテルで開催された先進5ヵ国蔵相・中央銀

行総裁会議（G5）はレーガン政権下の行き過ぎたドル高に歯止めを掛けるべく、為替レートの調整を協議し、為替市場への協調介入を実施することで合意した。ドル円相場は政府・日銀が大規模なドル売り円買い介入を実施したことから、プラザ合意時点の1ドル240円台から88年初めの120円台まで、これまで経験したこともない円高が進行することになる。

じつはプラザ合意の1週間前にフランクフルトのドイツ連銀本部を訪問して、クロフト外国局長と為替動向などを議論していたが、プラザ合意を匂わせる言葉は皆無であった。うまく騙されたのかな、とその後もずっと気にかかっていたが、たまたま1998年アジア通貨危機で苦境に立たされていた韓国を訪問するミッションに伊藤忠副会長の内藤正久氏の代理として参加する機会が与えられた。

このミッションの団長がプラザ合意の時の財務官である大場智満氏だったので、韓国側との会議が終わったタイミングを捉えて、ドイツ連銀の話をしたら「プラザ合意は秘密裏に進めていたので、ドイツ連銀の局長レベルでは知り得ない情報だったよ」と教えてもらった。おかげでクロフト局長へのモヤモヤが消えて、心が軽くなった思いだった。

さて、これだけ円高が進めば、価格競争力で打撃を被りやすい繊維、雑貨、食品加工など軽工業は太刀打ちできない。円高からの逃避と安価で豊富な労働力を求めて、先ずは軽工業から中国への工場移転が進んだ。１９８５～90年の対中直接投資額（契約ベース）は年間5億ドル程度で、そんなに大きくはないが、ゼロからスタートしたことを踏まえて、第1次対中投資ブームと呼ばれた。

この後、日本の対中投資は１９９０年代に入ると異次元の高い伸びを見せることになった。理由は92年鄧小平が「南巡講話」で呼びかけた社会主義市場経済の加速化と外資導入の本格化という、「改革開放」の全面的推進が始まったからだ。鄧小平は「我々は何千年もの間、ずっと貧しかったが、二度と貧乏になってはならない。社会主義の下にも市場がある。貧乏なのが社会主義ではない。皆が豊かになれる社会主義への道を歩むのだ」と改革開放への強い決意を述べている。

鄧小平の先富論の実験の場である「経済特区」には深圳《しんせん》、珠海《しゅかい》、汕頭《スワトウ》、厦門《アモイ》が指定された。経済特区とは税制上の優遇措置や規制緩和など特別な地位を与えられた地域のことである。南巡講話を契機に外資が殺到して華南地区で対中投資ブームが起こり、インフラが充実されたこともあって、日本企業も軽工業に加えて電気、電子、機械、及びそれらの部品、化学などの業種が中国に拠点をシフトさせる動きが見られるようになった。

日本側の要因としては１９９０年代に入っても相変わらず円高が続いていたことである。95年４月には１ドル79円75銭という80円割れの異常な円高相場となった。当時、私はドイツｉｆｏ経済研究所の客員研究員としてミュンヘンに駐在しており、その日はｉｆｏドレスデン支所で開催されたセミナーに出席していた。

ちなみにｉｆｏドレスデン支所は小高い丘の上に建つ立派な館で、ドイツ統一前は秘密警察・諜報機関を統括する東独国家保安省（シュタージ）のゲストハウスだったと言われ、その広大な庭からエルベ川が流れるドレスデンの街並みを一望に見渡すことができる。地下室にはさすがシュタージの館だけに、００７もどきの仕掛けもあって面白かった。恐らく１９８５年から90年にＫＧＢドレスデン支部にいたプーチンも一度は訪れたものと思われる。

さて、セミナーがコーヒーブレイクに入って、周りのドイツ人と歓談していた時に、知人から１ドル80円割れしたとの急ぎの連絡が入った。バブル崩壊により国内需要が落ち込むなかでの異常な円高は日本企業の我慢の限界を超えてしまうなと、ショックで気分が滅入ったのを覚えている。それから数年経って帰国し、福井、金沢に講演で訪れた時、地場産業の繊維メーカーのトップが「これまでずっと円高を我慢してきたけど、中国へ工場を移すことを決断しました」と溜め息混じりに話していた。円高のインパクトは懸念していた通り甚大だったのである。

改革開放の加速化と円高進行という日中双方の要因により、日本の対中直接投資は増え続け、1995年には80億ドル近くまで達した。これが第2次対中投資ブームと呼ばれ、その規模は第1次投資ブームの15倍に膨らんだのである。しかし、97年にアジア通貨危機が勃発すると、その煽りを受けて対中直接投資も一時的に減速を余儀なくされた。

2000年代に入ると第3次対中投資ブームがやって来る。ピークは05年の120億ドルだが、中国側の要因として大きかったのは01年に世界貿易機関（WTO）への加盟が実現したことである。WTOへの加盟は国有企業改革など中国国内の構造改革を進める起爆剤の役割を果たすことが期待されたので、日本企業もより安心して中国へ投資できるようになった。さらに08年の北京オリンピックの開催、10年の上海万博とビッグイベントが続き、中国経済の発展は不動のものになったとの確信から、日本企業は対中投資を加速させていった。

一方、この時期の対中投資加速化の日本側の要因はバブル後遺症である。1997年山一證券が経営破綻するなど日本経済は未曽有の金融危機に見舞われたが、これがバブル後遺症で苦しむ日本企業のバランスシートを一段と悪化させ、多くの企業が「デフレ三兄弟」と揶揄《やゆ》された過剰債務、過剰設備、過剰雇用の3つの過剰に苦しめられた。デフレ構造調整は日本経済に重くのしかかり、デフレ経済の持続から国内需要の増加は望めず、成長が加速する若い中国市場に活路を見いだそうとする企業が多かった。

この対中直接投資急増の結果、日中貿易も飛躍的に拡大することになる。輸出入の貿易総額で1980年代は2兆円だったのが、95年5兆円、2000年10兆円、04年18兆円と時間の経過と共に加速度的に増えていった。その仕組みはまず、日本企業が中国に工場を建てる、次に現地生産に必要な製造機械などの資本財や部品を日本から送る、これで対中輸出は大きく増加する。一方、中国の工場で生産された製品は日本へ輸出されるので、日本の対中輸入も増えるというわけだ。これは日中貿易の特徴をよく表している。

しかし、日中国交正常化以降、巨額の投資で中国の経済発展に貢献したこともあって、日中友好は永遠に続くかと思われたのに、中国の軍事力増強に伴う東シナ海への海洋進出とガス田開発が原因で、せっかく良好だった日中関係が悪化していったのは残念と言うしかない。

尖閣諸島問題は解決不能か

中国の経済成長は貿易を通して世界経済に貢献するという意味ではプラスではあるが、経済成長と並行して軍事力を大幅に増強していることが中国脅威論の根拠の一つになっている。ドルベースの軍事費を見ると、２０００年の２００億ドルから10年は１０００億ドルと5倍に増え、さらに22年までに3倍に増えて２９３４億ドルに達している。米国の８００７億ドルには及ばないが、中国はすでに08年時点で世界第2位の軍事大国に躍り出ている。

そして、「国家富強・軍隊強化（富国強兵）」の下で、東アジア地域での覇権主義的な行動が目立つようになり、露骨な海洋進出を加速させていった。日中間での紛争の大きな火種は尖閣諸島の領有権問題である。第1章でも触れたが、中国は１９９２年の「中華人民共和国領海及び接続水域法」で尖閣諸島の魚釣島を自国領土と明記し、２００９年12月には「海島保護法」で無人島の魚釣島の所有権は中国に帰属すると規定している。10年尖閣諸島沖での中国漁船衝突事件、12年日本政府による尖閣諸島国有化の際に大規模かつ暴力的な反日デモが中国全土で発生したのは周知の事実である。

日本政府によれば中国が尖閣諸島を「古くから中国の領土」と主張し始めたのは、尖閣諸島周辺で石油埋蔵の可能性が指摘された1970年代以降になってからである。中国が尖閣諸島を実効支配していたという確たる証拠を示すこともなく、領有権を主張しているのは国際法に照らしてもおかしい、と日本政府は反論している。状況証拠からして鄧小平が国連総会で「資源ナショナリズム」を強調した勢いで、火事場泥棒的に領有権を主張し始めたというのが実際のところだろう。

尖閣諸島問題をこじらせている要因は何か。伊藤忠商事元会長で尖閣諸島国有化で日中関係が最悪の時期に中国大使を務めた丹羽宇一郎氏によれば、一つは「尖閣棚上げ論」である。中国政府は1972年、田中角栄と周恩来の両首相の間で尖閣棚上げが合意されたのに、日本政府が尖閣諸島の国有化に踏み切ったのは棚上げ合意違反であると非難している。

しかし、日本政府は日本側の田中角栄・周恩来会談の公式議事録に棚上げ合意が記載されていないことを根拠として、中国側の主張を一蹴している。中国側は証拠があると言いながら証拠を出さないようだ。両者が署名した棚上げ合意文書が存在しないからだろう。

しかし、文書はなくても、尖閣棚上げについて、両首脳間に「暗黙の了解」があったとすれば、話が少し違ってくる。2013年元官房長官の野中広務が田中角栄本人から「日中双方が棚上げを確認した」という話を聞いた、と発言したが、その時の菅義偉官房長官と岸田文雄外務大臣は「棚上げや現状維持で合意した事実はない」と否定している。

田中角栄・周恩来の首脳会談に同席した外務省中国課長の橋本恕氏が棚上げ合意はあった、と語ったというエピソードも伝えられている。いまとなっては当時の関係者すべてが鬼籍に入っておられるので真相は藪の中だが、1982年に来日したマーガレット・サッチャー英首相に鈴木善幸首相が「尖閣諸島を巡る問題は事実上、棚上げされた」と語ったことが、英国公文書に記録されていることがわかったので、状況証拠から棚上げ合意の可能性が高そうだ。

田中角栄が日中国交正常化の勢いで中国側に半歩、歩み寄り、「尖閣諸島は日本の固有の領土であり、領土問題は存在しない」という日本政府の紋切り型の主張をトーンダウンさせて、「棚上げ」で合意したのかもしれない。しかし、これは日本外交にとって絶対に認めることのできない譲歩であったために、その箇所は公式議事録から削除されたのではないか、という説もある。しかし、もし、この「暗黙の了解」があったとすれば、外交上の重大問題として日中間でずっと尾を引くことになるはずだ。

深刻な外交問題となった「暗黙の了解」の事例としては第3章で取り上げたが、ウクライナ戦争の要因の一つである「NATOの東方不拡大に関する暗黙の了解」がある。東西ドイツ統一交渉の際、NATOの東方拡大について、ベーカー米国務長官はソ連のゴルバチョフ書記長に「統一ドイツがNATOに留まることができれば、NATOの範囲を東方に1インチも拡げない」と述べたと言われている。

しかし、実際はこの30年の間に東欧諸国のNATO加盟が進み、加盟国数は当時の16ヵ国から31ヵ国に倍増している。この事実をもってプーチンは繰り返し「騙された」と米国を強く非難しているが、米国はNATOの東方不拡大について暗黙の了解はなかったとの立場を崩していない。当時のコール西独首相や「NATOの東方不拡大論」を最初に唱えたゲンシャー西独外相の発言から推測すると、むしろ、暗黙の了解があったと見るべきかもしれない。暗黙の了解の不履行がプーチンにウクライナ戦争を決意させた要因の一つだったとすれば、事は重大である。

尖閣を巡る棚上げ合意問題も文書が存在しない以上は日本側の主張は筋が通っている。しかし、いまとなっては確認できない永遠の謎ではあるが、棚上げ合意に関する田中角栄・周恩来日中両首脳の「暗黙の了解」があったとすれば、尖閣問題は永遠に解決しない。そこが逆に怖いところだ。

もう一点、尖閣諸島問題をこじらせているのは2012年の日本政府による尖閣諸島国有化である。中国政府は尖閣国有化で日中関係は次元が違う局面にシフトしたと述べている。1972年周恩来は尖閣諸島についての田中角栄の問いに対し、「いま、話し合っても良いところはないでしょう」と言い、78年日中平和友好条約交渉時に鄧小平は「我々の世代の人間は知恵が足りない。次の世代は我々よりもっと知恵があるだろう」と述べた。尖閣の領有権に白黒つけようとすると戦争になることがわかっていたのだろう。

恐らく、尖閣諸島を日本が実効支配していることは中国側も事実として受け止めていると思われるが、国民向けには自国領土と宣言している以上、波風を立てない現状維持が日中関係にとってベストであると考えていたふしがある。しかし、近年、尖閣諸島周辺での違法操業など中国の海洋進出が目にあまる事例が増えてきたこともあって、2012年に石原慎太郎東京都知事が尖閣購入に動いた。これに対し野田佳彦首相は都の購入を阻止して、尖閣諸島を「平穏かつ安定的な維持管理」を行うとして国有化に踏み切れば、中国政府の反発は和らぐとでも思ったのだろうか。

尖閣問題に白黒つけないはずだったのに、日本政府は何を読み違えたのだろう。丹羽元大使は「中国人は面子を非常に重んじる国民であり、国有化の閣議決定を聞いた時、驚愕した。中国人と付き合ってきた経験から、これは本当にまずい事態に陥ったと思った」と述べ、「私は外務省本省のしかるべき人に、中国の事情に最も通じているはずの大使が国有化の中止ないし延期を求めているのに、現場の声は聞き入れられなかった」と伝えたそうだ。

国有化は中国政府の面子を潰し、軍事力を強めている中国をいたく刺激することになり、もはや後戻りできない日中間の紛争の火種となってしまった。東京都の購入計画に対して、「タイミングが悪い。購入が実行されれば日中関係に極めて深刻な危機をもたらす」と明言した丹羽元大使の懸念が現実のものとなってしまった。

安保3文書で日本の防衛は異なる次元に

2018年3月、知人の航空自衛隊の空将から一度三沢基地を見学に来たらどうですか、と誘われ、こんな機会もまずないだろうと思って数人の仲間と一緒に三沢空港に降り立った。航空自衛隊幹部から三沢基地の役割についてセミナー形式で説明を受けた後、飛行場の管制塔に上り滑走路を眺めながら管制業務を教えてもらい、防空管制群では、防空指令所で行うレーダーによる国籍不明機のチェックのやり方を説明してもらった。次に、格納庫に移動し、飛行隊長からスクランブルの要領の説明を受け、戦闘機の操縦席を見せてもらい、このレバーを引くと緊急脱出ができますなどと、丁寧な説明を受けた。

飛行隊長は落ち着いた語り口だったが、日本の防空を担っているという使命感が醸し出すのだろうか、強いオーラを感じたものだ。翌日は下北半島のガメラレーダーを見学に行き、自衛隊の雪上車に乗って、ガメラレーダーのある山頂まで雪道を登った。ガメラという名前が怪獣っぽくて愛嬌があったが、これがミサイル防衛を担うとのこと、間近に目にすると巨大なレーダーだった。しかし、スクランブルといい、ガメラといい、この自衛隊の人たちに我々国民は守られているんだという実感からか、自然と感謝の気持ちが湧いてきた。

実際、尖閣諸島周辺における日本領海への侵入や領空侵犯を繰り返す中国、近年非常に高い頻度で弾道ミサイルの発射を繰り返す北朝鮮、我が国周辺で軍事活動を活発化させ中国と連携して艦艇による共同航行や爆撃機による共同飛行の演習・訓練を実施しているロシア、といった具合に日本の周りはかつてないほど危険がいっぱいだ。ＮＨＫ『チコちゃんに叱られる！』のチコちゃん風に言えば日本人に対し「ボーッと傍観している場合じゃねえよ」というのが正直な感想だ。

日本政府はこれらの軍事的脅威に対応するには、これまでの安全保障戦略では不十分との認識から、2022年12月「反撃能力の保有」など防衛力の抜本的な強化を定めた「安保3文書」を決定し、日本の安全保障政策は大きな転換点を迎えることになった。安保3文書とは「国家安全保障戦略」、「国家防衛戦略」、「防衛力整備計画」の3つである。「国家安全保障戦略」は安全保障に関する最上位の政策文書であり、外交、防衛、経済安保、技術、サイバー、情報などに関する安全保障政策の戦略的指針となるものだ。「国家防衛戦略」はその指針に従い、防衛の目標設定と達成に向けた方法と手段を示し、「防衛力整備計画」は防衛費総額や装備品の整備規模を定めている。

「国家安全保障戦略」を読むと、安全保障環境の厳しさの事例として、①(中国などの)力による一方的な現状変更の試み、②サイバー空間、海洋、宇宙空間、電磁波領域等で活用を妨害するリスク、特にサイバー攻撃による重要インフラの機能停止リスク、③サプライチェーンの脆弱性、④鉱物資源、食料などの輸出制限を使った経済的威圧、⑤先端技術情報の不法窃取、⑥パワーバランスの多極化で気候変動、テロ対策など国際社会共通の課題への団結が難しくなったこと、をあげている。

特にインド太平洋地域で中国は力による一方的な現状変更の試みを強化、ロシアとの連携を強め、台湾への武力侵攻の可能性も否定していない。これらの脅威に対抗するため、防衛力の抜本的強化が不可欠で、まずは抑止力を強化しなければならないが、それでも我が国に脅威が及ぶ場合にはこれを阻止し、排除することが必要で、この目的遂行のための鍵として「反撃能力」をあげている。

反撃能力とはミサイル防衛網で飛来するミサイルを防ぎながら、相手からのさらなる武力攻撃を防ぐために、日本から有効な反撃を相手に加える能力を指しており、日本がこれまでの受動的な専守防衛から一歩前に踏み出したことを意味する。

反撃能力の保有については議論が沸騰し、反対論は反撃能力の保有は抑止力とはならない、なぜなら相手はそれを上回る攻撃力を持とうとするので、際限なき軍拡競争を誘発するというものである。一方、賛成論はミサイルなど相手の攻撃能力が飛躍的に上昇している現代、専守防衛のみで日本の防衛が達成できると考えるのはナイーブな発想である、「座して自滅を待つ」という敗北主義的なスタンスはとらず、日本が一定の反撃能力を持つことで、日本を攻撃すれば、自分たちも攻撃を受けると相手に思わせることで一定の抑止力が働く、としている。

いずれにせよ、安全保障上の脅威が格段にレベルアップしている現状を踏まえ、日本政府が反撃能力の保有を決断したことで、日本の防衛は次元の異なる局面にシフトすることになる。この結果、当面は日本と中国、北朝鮮、ロシアとの軍事的緊張が増していくのは避けられないだろう。

第Ⅱ部　新冷戦で変わる世界経済

第5章　冷戦の終結とグローバリゼーションの進行

ベルリンの壁崩壊

1989年11月9日の夜、61年以来28年間の長きにわたって東西ベルリンを隔てていたベルリンの壁があっけなく崩壊した。東西ベルリンの検問所チェックポイント・チャーリーを自由に行き来するベルリン市民の群れ、壁の上に立ってハンマーを壁に向かって振りおろす市民の映像が流れ、とんでもないことが起きたと、私はすぐにミュンヘンifo経済研究所のエァンスト研究員に電話をかけた。すると、彼女は「信じられない。本当に壁が崩れるなんて」と興奮冷めやらぬといった感じだった。ベルリンの壁が壊れるなんて、ほんの数日前までは誰も想像すらしていなかったからだ。

それから半年後、まだドイツ統一前のベルリンを訪れたが、チェックポイント・チャーリー検問所でパスポートを見せ、通行料5ドルを払って東ベルリンに入ると、古ぼけた、しかし立派な建物がウンターデンリンデン（菩提樹の下）という目抜き通りを挟んで建っていた。けれど、この大きな通りにはほとんど車が走っていなかった。遠くから1台の小さな車が近寄ってきたので見ると、トラバントという東独製の乗用車だったが、西ベルリンの街を走っていたベンツに比べて、ちゃんと走るのかなと思うほどお粗末な車だった。

帰りに再びチェックポイント・チャーリーに戻ろうとすると、多くの人がブランデンブルク門を東側から西ベルリン側に通過しようとしていた。こっちのほうが早いと思って列に並んでいたら、東独の軍人が寄って来て、「ベルリン市民以外はチェックポイント・チャーリーから出ろ」と言われて、大きく迂回せざるを得なかった。その時はベルリンの壁の大半が残っており、「ベルリンの壁」と称してプラスチック容器に入った壁の瓦礫を売っている人がいたが、壁のかけらはそこら付近に幾つも転がっていたので、1個拾って帰った。その晩、ロンドンに着いて、知人の英外交官ベン・ソーンの自宅を訪ね、ベルリンの壁の話をすると、「本物のベルリンの壁と証明するものは何もないだろう。僕がサインしたほうが価値が上がるかもよ」と笑っていた。

冷戦終了で開放されたものたち

ベルリンの壁崩壊という東西冷戦終結を象徴する事件の後、『歴史の終わり』の著者フランシス・フクヤマなどは、民主主義対共産主義のイデオロギー対立の時代は終わったと確信していたようだ。東西冷戦で閉ざされていた東側の労働力や資源が西側に開放され、逆に西側の技術とマネーが東側に開放された結果、世界経済はＢＲＩＣＳ（ブラジル、ロシア、インド、中国、南アフリカ）を代表とする新興国の高成長と先進国の低インフレというポスト冷戦時代を象徴する局面に移行した。

生産資源の開放でインパクトが大きかったのは労働力だ。冷戦終結時点でOECD諸国の人口が10億5000万人に対し、開放された東側の人口は中国11億4000万人、ロシア1億5000万人、東欧3億1000万人の合計16億人とOECD諸国の1・5倍である。しかも、賃金は中国で年収2000元（約6万円）と西側とは比較にならない低水準であり、土地も広大で恵まれた立地条件にある中国に魅せられて西側のメーカーは次々と中国に工場を移転し始めた。その製品に占める労働コストは極めて微々たるもので、超低価格の中国製品が西側に大量に流れ込み、西側経済に大きなデフレ圧力をもたらすことになっていく。

世界の対中直接投資（UNCTAD統計）の推移を見ると、1992年110億ドル、95年380億ドル、2000年410億ドル、10年1150億ドル、15年1360億ドル、21年1810億ドルと、ポスト冷戦スタートから16倍程度の増加となっている。西側の直接投資は生産性の高い技術を伴っているので、自動的に技術移転も進んで生産性の上昇に寄与することになった。

天然資源についてはロシアの輸出総額（その6〜7割が鉱物性燃料）の推移を見ると、2000年の1000億ドルから11年には5000億ドルを超えるなど、10年で輸出は5倍に急増、西側諸国、特に欧州は安価で豊富なロシアの天然資源の恩恵を受けることができた。世界のロシア向け直接投資（世銀統計）は2000年を過ぎてから急増し、05年155億ドル、10年432億ドル、15年はクリミア併合直後で69億ドルに減少したが、21年は405億ドルに戻している。シベリアやサハリンの液化天然ガス（LNG）開発、ロシアと欧州を繋ぐガスパイプライン「ノルドストリーム」建設など欧米のエネルギー会社や日本の商社がこぞってロシア資源ビジネスに参入していった。ただし、ロシア向け直接投資は石油、ガス、金属資源など1次産品に集中しており、市場やインフラを整備して海外から製造業向け直接投資を呼び込んだ東欧諸国とは対象的であった。

新興国の高成長と先進国の低インフレ

経済成長率は資本投入量（設備ストック）の伸び、労働投入量（就業者数）の伸び、全要素生産性（技術力）の伸びで決まることを考えれば、ポスト冷戦期の新興国経済は自身の豊富な労働力が生産に投入されたこと、海外からの直接投資の急増により資本ストックが大幅に伸びたこと、そして直接投資に伴う技術が生産性を大きく押し上げたことで、経済成長の3要因がすべて上向きに働き、高成長が実現したのだった。

ちなみにBRICSのうち、中国の成長率は南巡講話の1992年から2010年までの平均で10・6%の2桁成長、インドは同じ期間の平均で6・9%、ロシアは1999年から2007年までは好調で平均7・1%を記録したが、08年のリーマンショックで頼みの綱の原油価格が1バレル150ドルから40ドルまで暴落した結果、その後は浮上せず低成長を続けている。ブラジルと南アフリカはポスト冷戦でも特に成長率が嵩上げされた様子はなく、BRICSともてはやされたが、要は中国とインドという人口世界1位と2位の国の成長が顕著だったということに尽きる。

一方、インフレについてはポスト冷戦下で労働力など生産要素の供給が爆発的に増えるという供給ショックが起きたことから生産コストが大幅に低下、さらに新興国の安価な製品の大量流入により先進国のインフレは下降に向かった。米国のインフレは1990年は6%だったが、97年には一時2%割れを記録、その後2〜4%のレンジ期間がしばらく続いた。この頃、米国出張の際に、ちょっと時間が空いたのでウォルマートを覗いてみたが、玩具、雑貨など日用品の多くが中国からの輸入品に取って代わられようとしていた。

超安値の中国製品は米国の低所得層から大いに歓迎されたものだ。

ＥＵのインフレについては、ドイツのインフレを例にあげると、１９９０年のドイツ統一以降は特需景気で６％まで加速したが、後で述べる92年の英ポンド危機もあって、概ね米国と似たり寄ったりのコースを辿り、95年の１％台まで下降を続けた。一方、日本のインフレは欧米とは異なり、バブル崩壊という最悪の環境下で供給ショックが襲ったので、90年の４％をピークに低下を続け、早くも94年にはマイナスに落ち込み、それ以降も物価はゼロないしマイナスが常態化するデフレ経済にはまり込んでいく。

中央銀行はインフレ鈍化で利下げに動く

インフレ圧力が低下すると、中央銀行は金利引き下げに動く。利下げしないと、実質金利が上昇して景気を冷やしてしまうからだ。米連邦準備制度理事会（ＦＲＢ）の政策金利であるＦＦ金利（フェデラルファンドレート）は１９９０年に８％だったが、上げ下げを繰り返しながら、２００３年には１％まで低下した。

ＥＵは１９９９年に欧州単一通貨ユーロが誕生するまでは、ＥＵ加盟国が参加する欧州通貨制度（ＥＭＳ）の下で欧州為替相場メカニズム（ＥＲＭ）という為替変動を抑制する制度を採用していたので少し複雑だ。加盟国通貨間の変動幅を原則±2・25％の範囲に抑え、変動幅が限界に近づくと介入によって変動幅を維持することにしていた。しかし、経済力の強いドイツの金融政策に歩調を合わせないと周辺国の通貨は変動幅を逸脱してしまうので、常にドイツ連銀の動きをウォッチしなければならなかった。

当時、モルガン銀行のエコノミストだったジェイ・ヤングから「最も優れたブンデスバンク（独連銀）ウォッチャーはフランス銀行です。私が紹介するからパリに行きなさい」と勧められ、それから年に2回は仏銀を訪問することになった。

緊張したのは1990年のドイツ統一の時だ。東独マルクと西独マルクが原則1対1で統合され、弱い東独マルクを持っていた東独市民は棚からぼたもちで大きな購買力を手に入れることができた。特需景気もあってインフレが加速、フランクフルトにある独連銀を訪問した際、クロフト外国局長は「東独の市民はもうバナナを求めて行列を作る必要はなくなった。ドイツ統一のボーナスに浮かれていないで働け働けだ」と言っていたが、独連銀は90年統一時点の公定歩合6％を91年末までに8％に引き上げた。

強烈な思い出は1992年英ポンドがジョージ・ソロスという米投資家から大量の売りを浴びせられて、ERMから離脱した事件である。為替変動幅を維持するために、イングランド銀行もドイツに追随し英経済の体力に見合わない高金利を維持してきたが、景気が悪化したところを投機筋に狙われたわけだ。このポンド危機の後はドイツのインフレも低下し、ドイツの政策金利（公定歩合）も91年の8％から95年の4％まで低下した。

1999年に独連銀からＥＣＢに金融政策の実権が移譲されたが、ＥＣＢの中心的な政策金利である主要レポ金利は2000年の4・75％から下降を続け03～05年は2％にまで低下した。一方、日本はバブル潰しのため日銀が短期の政策金利を1990年に6％まで引き上げた後はバブル崩壊と供給ショックによるダブルデフレに襲われて、金利はひたすら低下を続け、99年にはゼロ金利政策の導入にまで踏み切らざるを得なくなった。

グローバル・サプライチェーンの構築

冷戦の終結で労働力、土地、天然資源、技術、マネーがグローバルに開放されたことで、西側の企業はこれら生産要素をうまく組み合わせて、低コストで付加価値の高い製品を製造し、世界に輸出してマーケットを拡大していった。その形態は旧共産圏諸国に製品組み立て工場を設置し、西側企業が原材料、部品を現地工場に提供し、現地労働者への技術指導を行い、工場の経営に必要な資金を西側の金融市場から調達するというものだ。

この結果、それまで西側に限定されていたサプライチェーンが東側をも含んだグローバル・サプライチェーンに変化していった。

サプライチェーンとは製品の原材料や部品の調達、製品の生産、販売とそれらを繋ぐ物流で構成される一連の流れのことを言う。そして、サプライチェーンを国内に限らず、海外をも含めて最適化するために構築されたものが、グローバル・サプライチェーンである。組み立て産業の象徴である自動車を例にとると、自動車の心臓部であるエンジンは自動車メーカーが自前で製造するが、ボディ用の鉄鋼、プラスチック、フロントガラス、タイヤ、照明、電子部品などは大手メーカーや関連部品メーカーの製品が使われている。そして部品を製造するメーカーも鉄鋼製品の場合は原料炭と鉄鉱石、プラスチック製品の場合はナフサなどの原料、電子制御のマイコンには半導体の調達が不可欠である。

全世界1万社がトヨタのグローバル・サプライチェーンを担う

国際的大手企業のグローバル・サプライチェーンを見てみよう。トヨタの1次サプライヤーは部品については日本企業455社、海外企業3150社で計3605社、設備・物流他については日本企業897社、海外企業5347社、計6244社であり、全部足すと内外で9849社と1万社近い企業がトヨタの自動車生産のグローバル・サプライチェーンを担っている。

ゼネラルモーターズ（GM）はおよそ10万点の部品を世界5500ヵ所から調達しており、ドイツでは座席シート、クラッチ、窓ガラス、照明器具、ベルギーではタイヤホイール、中国では電子モジュール、バッテリー、スイッチ、ホーン、ケーブル、メキシコではシートベルト、オーディオ、アンテナ、ほかにもスペイン、ブラジル、韓国、インド、カナダなど多くの国から部品を調達する仕組みが出来上がっている。

アップルはiPhoneやiPadなどの主力製品の90％以上が中国の委託業社によって製造されているが、生産を主に請け負っているのは台湾の鴻海《ホンハイ》精密工業やペガトロンという世界的EMS（電子機器受託生産）企業である。自社製半導体の生産についても台湾積体電路製造（TSMC）がメインでイスラエルでも製造している。

部品の調達については世界の約600の事業所から調達しており、内訳は中国252事業所（42・1％）、日本95事業所（15・9％）、米国43事業所（7・2％）、台湾37事業所（6・2％）、韓国30事業所（5・0％）などからなっている。アップルのケースでは製品の生産委託は台湾企業、生産は中国が最大のシェアを占めるが、重要部品のサプライヤーは日米韓台に依存している。とは言え、基本的に生産と部品の調達のほとんどが東アジア地域に集中しており、新冷戦時代の到来、特に覇権主義を強める中国による台湾武力統一などのリスク要因も大きく、現状のグローバル・サプライチェーンは脆弱で再検討を迫られる大問題である。

雇用は減り、賃金も下がる

新興国への直接投資の増加で先進国の産業空洞化が叫ばれて久しい。日本の海外現地生産比率の推移を見ると、2001年の24・6%から上昇傾向を続け、18年には36・8%のピークをつけている。一方、鉱工業生産指数は2015年基準で2000年の107・8から21年は95・7へ低下しているので、産業空洞化が起きているのは間違いない。

円高や国内市場の成長期待の低下から日本脱出型の海外直接投資としては繊維、家電などで目立っており、空洞化が認められる。しかし、自動車、電子部品・デバイス、電気機械などはグローバル・サプライチェーンを構築する目的で積極的な直接投資を行っているので投資の性格が違う。

米製造業の海外生産比率はおよそ30%で、冷戦終結を境に家電、衣料品、プラスチック製品、家具、玩具、布団、クッションなどローテク製品は中国を軸に東南アジアでの生産に集中し、ハイテクの製品や部品は本国で生産するという棲み分けが鮮明である。米製造業のＧＤＰ比率は１９６０年25％、90年17％、２０２０年11％と空洞化とサービス化の進展で低下傾向が続いている。１９９０年以降はポスト冷戦下の生産資源の開放を積極的に活用するローテク製品工場の海外移転とハイテク製品のグローバル・サプライチェーン構築のための直接投資が目立つ。

製造業の雇用を見てみると、日本は１９９２年１５６９万人、２００２年１２０２万人、21年１０４５万人と減少傾向が顕著であり、さらに賃金は１９９２年39万２６０８円、ピーク時の97年が42万１３８４円、２００２年38万７６３８円、22年37万９７３２円と上がっていないどころか低下しているのはショックだ。これはバブル崩壊で企業のバランスシートが悪化したために、せっかく利益を出しても、劣化した資産の引き当てに回り、賃上げに向かう余裕がなかったからである。

一方、米国の雇用は１９９０年１７３３万人、２０００年１７２８万人、10年１１４６万人、22年１２５８万人とやはり減少しているが、賃金（時間当たり）は１９９０年10・０２ドル、２０００年13・７５ドル、10年18・８８ドル、22年26・８７ドルと、この30年で

3倍近く上昇しており、賃金低下の日本とは大きな違いである。IT革命とサービス化を進めた米国と異なり、日本の場合はIT分野で後塵を拝し、重厚長大産業の空洞化も賃金押し下げに大きく影響した。

新興国への資金フロー増大

国際資本移動には原資となる米ドルの流動性が極めて重要である。ポスト冷戦時代のドル金融はインフレ圧力の低下に従い、基本的に緩かったことはすでに触れた。政策金利の引き下げに加えて、米FRBのバランスシート（マネタリーベース）は2008年のリーマンショックまでほぼ9000億ドルで横ばいだったが、ショック後は非伝統的金融政策である量的緩和（QE）が採用され、QE1、QE2、QE3に続き、コロナショックで4度目のQEに踏み切り、約9兆ドルと実にリーマンショック時点の10倍もマネーが膨らんだ。

この結果、企業や投資家は直接投資や証券投資用の資金借り入れが楽になり、新興国への大幅な資本流入が実現したのだった。新興国・途上国への資本流入（ネット）の推移をみると、2000年1000億ドルだったものが07年は7000億ドルへと7倍も急増している。リーマンショックを境に全体ではピークアウトしているが、アジア新興国に関しては旺盛な直接投資が続くなど資本流入は増加傾向を辿った。特に直接投資を牽引したのが中国だったのは言うまでもない。

外国資本を引き寄せた理由はアジアの高い成長期待であり、中国に加えて、ASEAN5(インドネシア、タイ、マレーシア、フィリピン、ベトナム)の成長率はリーマンショック時に一時的に2%への低下を見たが、2000~20年の平均成長率は5%と極めて安定した成長経路を辿っている。中国などアジア諸国の成長期待の高さが資本流入を促し、また資本流入によってアジアの成長が引っ張られるという好循環が実現したのである。

ポスト冷戦時代は国際金融危機の連鎖

マネーが潤沢にあると投機が発生するのは避けられないようだ。欲に目がくらんだ人間の性というものか。ポスト冷戦は一面では国際金融危機の連鎖の時代と形容できるのかもしれない。第1は先に触れたアジア通貨危機だ。1997年のクリスマスにモルガン銀行のジェイ・ヤングが電話をかけてきて、「危ない危ない。本当にデフォルト寸前だったんだが、どうにか切り抜けることができたよ」と教えてくれた。外貨資金繰りに行き詰まった韓国を救済するためにG7（先進7ヵ国蔵相・中央銀行総裁会議）が急遽100億ドルの金融支援の前倒しを決定したのである。これがクリスマス声明と言われるものだ。

1997年のアジア通貨危機は年初の韓国財閥グループの倒産と金融システム不安に始まった。韓国では88年のソウルオリンピック以降、成長志向が旺盛で、国内の貯蓄不足を海外資本の流入でカバーしてきたが、財閥は潰れないという神話が過剰な設備投資ブームの背景にある。しかし、財閥の一つ韓宝グループの中核企業韓宝鉄鋼が杜撰な資金計画のせいで資金繰りに行き詰まって倒産してしまった。神話崩壊のショックは大きく、連鎖倒産が続き、経済システムが音をたてて崩壊していった。万策尽きて韓国はIMF（国際通貨基金）に支援を要請、IMFの管理下に入った。

第4章でも述べたが、このタイミングで韓国経済研究センターの韓国経済調査団のメンバーとして1998年2月に韓国を訪問したが、意外にも現地は意気消沈しているわけでもなく、「韓国は過去50回以上も外敵に侵略されたが、国民が一丸となって難局を乗り切った。今回のIMF時代も同じで、必ず克服できる」という力強い声が各地で聞かれたのは印象的だった。

東南アジアでは1997年7月のタイを皮切りに各国で通貨危機が勃発、やはり多くの国がIMFに支援を要請、管理下に入った。タイのケースを見ると、海外資本を引き寄せるために金利を米国より高めに設定し、為替はドルに固定して為替リスクをなくしたが、これがまずかった。海外投資家は利鞘を求めて積極的にタイに投資し、過剰に流入した資金が不動産投資に向かってバブルを発生させた。足の早い外国人投資家はさっさと売り抜けていなくなり、タイはバブル崩壊と経常赤字で立ち行かなくなってしまった。

この独立した金融政策、固定為替相場、自由な資本移動は同時に達成することができないので、「不可能な三角形」と呼ばれているが、アジア通貨危機の経験から現在はアジア各国とも金融・資本・為替政策の組み合わせは理に適ったものとなっており、経済ショックが来ても、3つのうちどれか一つのバルブを緩めてあるので、通貨危機再来の可能性は低い。一方、中国は海外マネーで国内経済が不安定になることをアジア通貨危機など他国の経験から学んでおり、国際資本移動の規制緩和には極めて慎重で、市場開放が進んでいないため、海外投資家の対中証券投資には自ずと限界があるのが実情である。

第2はリーマンショックである。その7年前の2001年、米国はITバブル崩壊に直面、その時、ワシントンのホワイトハウスを訪ねてローレンス・リンゼー大統領補佐官と会った。彼は「ITバブル後遺症が数年続くので、ブッシュ政権は大型減税と住宅刺激策で対応する」と語っていた。一方、ＦＲＢは超金融緩和政策に踏み切ったが、これが後日、サブプライムローンという低所得者向け住宅ローンに象徴される住宅バブルを招くことになる。

じつはリーマンショックが米国内だけでなく国際金融危機にまで進展したのは、証券化が影響している。モラルに欠ける米金融機関はサブプライムローンという信用度の低い商品を国債など信用度の高い商品と組み合わせて、債務担保証券（ＣＤＯ）というトリプルＡの最高格付けを持つ毒入りデラックスハンバーグを作って世界に売りまくったのである。

しかも、欧米の金融機関はＣＤＯの販売だけでなく、自ら短期金融市場で資金を調達してＣＤＯを購入、バランスシート（貸借対照表）の資産と負債を同時に膨らませて、いわゆるレバレッジ（テコ）を効かせて利益追求に邁進していった。しかし、サブプライムローンは信用度が低く、住宅バブルが弾けたらローンの返済が滞るのは自明だ。まさに２００６年から住宅価格は頭打ちから下降に転じ、この種の錬金術は機能しなくなった。

それでも市場にはリスクは限定的という楽観論があったが、２００７年８月に起きたパリバショック、フランス最大手のＢＮＰパリバ銀行が傘下のファンドの解約を凍結すると発表したことで、投資家は換金できなくなった。短期資金をやり取りする銀行間市場は機能停止に陥り、事態は悪化の一途を辿り、08年全米第4位の投資銀行リーマン・ブラザーズのまさかの倒産に繋がっていった。

第3はユーロ危機である。２００５年にｉｆｏ経済研究所の同僚のドイツ人研究員が「バカンスで南仏に行ったが、別荘地はロシア人だらけで、住宅価格が暴騰している」と教えてくれた。ユーロの誕生でＥＵ諸国間の為替リスクが消滅したので、海外から南欧諸国への資本流入が１９９９年の６０００億ユーロから２００７年には１兆５０００億ユーロに急増してしまった。これらのマネーが不動産バブルを醸成していったわけだ。このまま行くとバブルが破裂しかねないという感覚はあったが、リスクへの関心は当時まだ大きくはなかった。

ところが、リーマンショックが起きるや、世界の投資家がリスク過敏症に陥り、資金を引き上げる動きが強まった。この最悪のタイミングでギリシャ財政赤字の粉飾が明らかになり、ギリシャ国債離れが広がり、ギリシャ政府は国債の借り換えができなくなってしまった。事態を放置しておけば、ユーロが崩壊しかねない。ＥＵはＩＭＦとＥＣＢと協調してギリシャ支援に動き、その代わりギリシャには強烈な緊縮財政政策を飲ませた。これで、最大の危機を乗り切ることができたのだった。

非伝統的金融緩和で金融危機に対応

前項の3つの国際金融危機のうち、リーマンショックはアラン・グリーンスパン元FRB議長が米議会の公聴会で述べたように、米経済は「100年に1度の信用の津波」に見舞われたのだった。その危機の最中の2008年12月にワシントンのFRB本部を訪れたが、知人のジョセフ・ギャニオン国際金融局次長は「我々はできることは何でもやる。それがFRBの使命だ」とすこぶる高揚していた。事実、FRBは機能不全に陥った金融市場を蘇生させるため、銀行への無制限資金供給、住宅ローン関連証券の購入、個別金融機関への緊急融資、そしてマクロ対策として量的緩和政策（QE）を導入した。

「モラルハザードなんて言ってられない、金融市場が壊れたら経済もあったもんじゃない」と戦時体制で臨んだのである。それから半年後の2009年6月に再びFRBを訪問したが、「金融危機の最悪期は過ぎたよ」とギャニオン次長が語り、さらに半年後には危なかったシティバンクが政府のTARP（不良資産救済プログラム）の借金返済計画を発表するまでに事態は改善したのである。リーマンショックから15ヵ月で目処が立った。この米国のスピード感には圧倒されるしかない。

一方、ユーロ危機はギリシャなどＥＵ周縁国の債務危機であり、リーマンショックとは性格が異なる。主たる対策は投資家が離れてしまった国債市場の機能維持と正常化であった。そのために恒久的な救済機関であるＥＳＭ（欧州安定メカニズム）が設立され、潤沢な資金を原資に債務危機に陥った国の救済プログラムが機能するようになり、ユーロ危機は収束に向かった。

一方、金融政策はどちらかと言えば、補完的な役割だったが、短期から長期に至るまで大規模な資金供給を行って金融市場の機能維持に努め、マクロ的にはＦＲＢと同じく量的緩和政策、さらにマイナス金利の導入という非伝統的政策の採用に踏み切り、未曽有のユーロ危機を乗り切ることができた。しかし、欧米とも国際金融危機は何とか乗り切ったが、非伝統的政策の置き土産である過剰流動性がインフレの潜在的圧力として温存されたことは、新冷戦時代のインフレを考える上で忘れてはいけない。

第6章　デフレからインフレへ

世界経済の再ブロック化でコスト上昇

足元でインフレが上昇加速している。スーパーの棚に並ぶ食料品価格は軒並み2割から3割も値上げされるなど、値上げラッシュの最中で、「賃金は上がらないのに、物価だけ上がる」と消費者の悲鳴が聞こえてくるようだ。ガソリン価格は一時レギュラーで170円を超える上昇を見せたが、政府が石油元売り会社向けに実施した1リットル当たり35円の補助がなければ、200円というとんでもないガソリン価格を目にしたことだろう。

消費者物価指数は582品目の平均であるので、上昇した品物の印象が強い生活実感よりも低い伸びとなるのが普通である。だから、市民は「消費者物価の伸びはおかしい。国に操作されている」と文句を言いがちだが、そんなことはない。ただ、説明してもなかなか納得してくれそうにない。

世界のインフレを眺めると、米国の消費者物価はコロナ前の10年くらいは2％前後で安定していたが、新型コロナ感染が落ち着きを見せて2021年から経済活動が元に戻るにつれて急激に上昇を開始、これにウクライナ戦争勃発による資源価格の急騰が追い討ちをかけ、一時9％を上回る伸びを見せた。欧州の消費者物価も長い間、平均1％程度の伸びが続いていたが、コロナとウクライナ戦争で一時10％を超える急上昇を見せた。デフレ、デフレとうるさかった日本ですら、ずっとゼロ％前後の伸びが続いていたのに、突然4％超えのインフレになってしまった。

問題はこの世界的なインフレ加速が新型コロナ感染拡大とウクライナ戦争による一過性のもので、各国の強い金融引き締めによって元に戻ると考えてよいのかどうかだ。目の前で起こっているウクライナ戦争、また台湾有事、米中覇権争いと世の中はきな臭く、不穏な国際情勢が長期間、経済の足かせになりはしないか心配だ。

バイデン大統領は2021年の就任直後からロシアと中国を念頭に「世界は民主主義と専制主義の闘いに直面している」と繰り返し述べている。ベルリンの壁崩壊から始まったポスト冷戦時代は30年を経過した時点で幕を下ろし、世界は民主国家と専制国家の2つのブロックに分断される新冷戦時代に移行しつつあるのだ。

第5章で述べたように、ポスト冷戦時代には労働力、天然資源、土地、資本、技術などがグローバルに開放された結果、賃金などの生産要素価格が低下し、新興国では生産性が上昇して経済成長が加速する一方で、先進工業国では産業空洞化の結果、製造業の衰退とデフレが進行した。

今後、新冷戦下でブロック経済化が進めば、グローバリゼーションの巻き戻しが始まり、すべての生産要素価格が上昇に転じる。労働力、天然資源、土地の制約が強まり、技術移転や資金も制限されれば、新興国の成長期待も低下して、先進国からの投資は細るだろう。経済成長率は資本投入量(設備ストック)の伸び、労働投入量(就業者数)の伸び、全要素生産性(技術力)の伸びで決まるが、ポスト冷戦時代とは反対に新冷戦下ではすべてが下向きに転じてしまうからだ。

加えてインフレ抑制のために先進国で金融引き締めが進むと、金利上昇による資金コストの上昇から新興国への投資は二重の意味で制約を受けざるを得ない。コスト上昇と生産性の伸びの低下は世界がポスト冷戦時代を象徴するディスインフレあるいはデフレ経済から再びインフレ経済へ逆戻りすることを意味している。

コロナとサプライチェーンの寸断

コロナ感染爆発とウクライナ戦争を契機にグローバル・サプライチェーンの脆弱性が露呈して、経済安全保障への関心が急速に高まっている。まず、2020年のコロナショックで過去30年間のポスト冷戦時代に構築されたグローバル・サプライチェーンの多くが寸断され大問題となった。世界各地で都市封鎖が実施されたため、生産部門に従事する労働者の多くが自宅待機となり工場の稼働がストップしてしまった。仮に労働者を確保できたとしても、製品を作るには部品の調達が不可欠であるので、部品の製造工場が止まってしまって部品が入ってこなければ、製品組み立てができない。そのため、減産か工場閉鎖に追い込まれてしまう。

特に世界の工場として製品、部品の生産と供給を担ってきた中国では都市封鎖の影響が大きく、労働者が出勤できず、また陸上、海上輸送がストップしてしまい、自動車部品、電子部品などの先進国向けの供給が寸断されてしまった。ＡＳＥＡＮでは当初は中国からの原材料、部材の調達困難が操業に支障を及ぼしていたが、次の段階ではＡＳＥＡＮ政府による移動制限、操業制限措置からサプライチェーンは寸断を余儀なくされ、やはり自動車部品、半導体などの電子部品の供給に大きな影響が出た。この中国、ＡＳＥＡＮのサプライチェーンの寸断は世界各地の電気、電子、自動車など工業製品の生産に加えて、マスク、医薬品など生活必需品の生産にまで支障をきたした。また、米国では入国制限で技術者の移動が困難となり、工場の操業にも問題が生じたのである。

日本の自動車を例にとると、中国、東南アジア現地での工場停止により半導体、自動車部品の供給が途絶え、トヨタは２０２１年8月から9月に国内の14の自動車工場の27の生産ラインで生産稼働の調整を行い、22日間にわたって停止するラインもあった。４割もの減産に追い込まれたが、その後も上海ロックダウンや半導体不足の後遺症が残っている。ホンダは広州工場の停止、鈴鹿工場の減産、ダイハツも国内工場停止、日産は英サンダーランド工場の停止などコロナの影響は広範囲に及んだ。

また、半導体不足には先述のように、新冷戦下の米中貿易戦争という政治的要因が絡んでいることを忘れてはならない。２０１８年以降の米中貿易戦争の激化から半導体需要の鈍化を見越して、半導体製造メーカーが増産投資を控えてしまった。さらに、委託生産を請け負っていた半導体ファウンドリーの中芯国際集成電路製造（ＳＭＩＣ）に対して米国が制裁を科したのでグローバルな半導体の需給バランスが崩れてしまった。加えて、旭化成エレクトロニクス、ルネサスエレクトロニクスなど半導体製造メーカーの工場火災という不運も重なり供給が一段と絞られることになった。

一方、半導体の需要サイドではコロナ禍でのテレワークの拡がり、デジタル・トランスフォーメーション（ＤＸ）の推進、ＥＶシフトの加速化で需要が急増しており、半導体需給が緩む兆しはない。

コロナはエネルギー分野にも大きな影響を及ぼしている。労働者が生産現場に出てこないので、人手不足でエネルギー生産基地の稼働が十分でないからだ。ただ、ことはそう単純でない。脱炭素社会の構築という世界的潮流の中で太陽光、風力、水素など再生可能エネルギーと関連技術「クリーンテック」に投資の重点が移っているため、エネルギー会社はいまさら、化石燃料の供給力を増やす気はない。

そのため、２０１５年頃から化石燃料分野での設備投資が手控えられた影響から、景気回復に伴う短期的な化石燃料の需要増大に供給が追いつかない。再生可能エネルギーに完全代替できるまでの間、必要なエネルギーをどうやって確保するかは死活問題である。

物流面では港での荷役作業員不足で港湾業務が滞り、入港できないコンテナ船が一時１００隻以上もカリフォルニア・ロングビーチ港の沖合で待機せざるを得なかった。また、荷揚げできたとしても、今度は陸上輸送が処理しきれず荷物が港湾内部、あるいは港湾を出ても貨物スペースに滞留する状況からなかなか抜け出せなかった。何でこうなったのかというと、米国ではコロナが落ち着きを見せても、自宅待機の港湾労働者が職場に出ず、労働者不足が長く続いたからである。これはバイデン政権の１・９兆ドル規模の「米国救済計画」が影響している。

「米国救済計画」ではコロナでレイオフされた労働者は通常の失業保険手当の他に、週400ドルの特別失業保険手当、その他税額控除という優遇措置が与えられたために、コロナ前の所得を上回る待機労働者が生まれてしまった。港湾で働くより、自宅でブラブラしていたほうが所得が多ければ、職場に戻らないのも当然であり、そういう意味では「米国救済計画」はやや拙速のきらいがあった。しかし、コロナという緊急事態を勘案すればやむを得なかった面もあるだろう。

あと陸上輸送についてはトラック運転手の恒常的不足である。これは日米に共通する課題でもあるが、ベビーブーマー世代が大量に定年を迎えて、退職者の補充が利かない上に、積み荷の上げ下ろしの際、コロナで待ち時間が長くなって嫌気がさすなど、ストレスの多いドライバーという職種を敬遠して転職する人が多くなったからである。港に荷揚げされてもトラックが来ないのでは話にならない。人手不足は高齢化、新冷戦のブロック化から底流として残る問題になりそうだ。

また、コロナの原因究明を巡って生じた豪中対立では中国が怒って豪州産石炭の輸入を禁止した結果、中国の石炭火力発電所の燃料不足から稼働率が低下してしまった。今度は電力不足で中国の多くの工場が生産を停止せざるを得なくなるなど、サプライチェーンの寸断に繋がる皮肉な結果をもたらした。

さすがにその後、中国が背に腹はかえられぬとばかり、豪州との関係修復に動き出したのはお笑い草だった。バイデン大統領が同盟国に呼びかけて、中国に依存しない新たなサプライチェーンの構築を提案しているのは、中国が相手の弱みにつけ込んで、責任を果たさず、屈服させようと目論むからだ。プーチンの欧州向け天然ガス供給停止と同根と言える。

ウクライナ戦争と経済安全保障

ウクライナ戦争でロシアがドイツ経由の欧州向け天然ガス海底パイプライン「ノルドストリーム」を停止したのはEU各国に大きなショックを与えたのに止まらず、西側諸国に経済安全保障の重要性を強く認識させることとなった。

当初、EUはロシア制裁の一環として、ロシア産原油の輸入を2022年末までに停止するとした。内陸国のハンガリーとスロバキアについてはパイプラインによる原油輸入は一時的に対象外とする例外措置を設けたが、EU全体でロシア産原油輸入量の92％もの大幅削減である。天然ガスについては27年までに輸入を停止するが、当時のEUは消費量の

40%をロシア産天然ガスに依存し、ドイツに至っては55%も依存するという歪な構造であったので、一気に禁輸するわけにもいかない。そのため、EUはガス輸入調達先の多角化を進めて、22年中にはロシア依存を3分の2までに減らす意向であった。

しかし、そんな虫のいい話がプーチンに通るとでも思ったのだろうか。案の定、プーチンは段階的にノルドストリームを通じた供給を絞り始めた。2022年6月にはカナダ工場で修理中だった独シーメンス製ガスタービンがロシア制裁のため戻ってこないとの理由から供給量を4割に削減すると通告してきた。7月にはタービンが1基しか稼働できないとして供給量をさらに2割にまで削減し、さらに設備点検を理由に供給停止を通知、9月には欧米のロシア制裁が解除されるまで無期限に供給を停止すると通告してきた。真綿で首を締めるような陰湿なプーチンの性格にピッタリの措置であった。

欧米の制裁はロシアに進出している西側の企業にも大きな打撃を与えた。半導体、コンピュータ、通信機器、センサーなどが輸出禁止とされたことで、現地工場で必要な部品、資材の調達が不可能となった。これではいつ生産が正常化するか目処が立たないため、自動車メーカーではトヨタが2022年9月にロシアからの撤退を発表、10月には日産、11月にはマツダが続いた。欧米自動車メーカーではルノー、メルセデス・ベンツ、フォードなどが撤退を決めた。

エネルギー関連では欧州の英石油大手シェルはウクライナ侵攻直後の2月にロシアからの撤退を発表して、ロシア国営ガスプロムとの提携を解消し、日本企業も参画する極東サハリン沖の液化天然ガス（LNG）開発事業「サハリン2」からも手を引いた。同じく英石油大手BPもロシア国営ロスネフチとの提携を解消して撤退した。またノルウェーのエネルギー大手エクイノール、仏のトタルエナジーズはロシア石油ガス大手ノバテクとの合弁を解消して、シベリアのガス田権益を売却してしまった。米石油大手エクソンモービルはシェルの「サハリン2」に続いて、「サハリン1」の事業から撤退、米石油サービス大手ハリバートンはロシアでの油田サービス事業から撤退したが、第3章でも触れたように日本企業はロシア新会社へ事業移管された「サハリン1」と「サハリン2」に引き続き留まる決定を行い、欧米とは立場の違いが際立っている。

ウクライナ侵攻直後にマクドナルドが店舗を売却して撤退したニュースがセンセーショナルに報道されたが、日用品セクターの関連企業ではロシア撤退は限定的のようだ。まず、日用品の多くは制裁対象になっている訳ではない。ただし、ロシア向けの金融制裁で自国からロシアに持ち込んだ商品は決済ができないので、ロシア国内から原材料を調達しながらやりくりしているようだ。ただ、たとえ日用品であってもロシア軍に使用されているとなると、企業イメージを損ない、自国でのバッシングが待っている。ロシアで事業を続けるのは大きなリスクをはらんでいるのだ。

中国の脅威と経済安全保障

豪中関係悪化の際に、中国が豪州産石炭の禁輸に踏み切った話はすでに触れたが、最近、他国の経済安全保障を平気で損なう中国の事例が頻発している。過去の紛争時に中国がとった報復措置をおさらいしてみよう。我々、日本人の記憶に焼き付けられているのは、2010年9月の尖閣諸島沖での衝突事件で中国人船長が日本側に勾留されたのに対して、ハイテク製品の生産に不可欠なレアアースの日本向け輸出を禁止したことである。日本が得意とするハイテク分野を狙い撃ちにして、日本経済を苦境に追い込もうとする意図が明々白々であった。

日本はレアアースの対日禁輸は世界貿易機関（WTO）の協定違反だと抗議したが、中国側は環境保護のためと反論して撤回しようとしない。これに対する日本側の対応も早かった。11月にはレアアース供給確保のために双日と石油天然ガス・金属鉱物資源機構（J

OGMEC)が豪州レアアース資源開発会社のライナスと供給契約、2012年には日立がレアアースを使用しない画期的な産業用モーターを開発するに至った。

結局、中国産レアアースへの需要が減ったことから価格が急落してしまい、中国レアアース業界は赤字に転落し、WTOでも全面敗訴した中国は2015年に渋々レアアース輸出禁止を全面撤廃した。ロシアの欧州向けガス供給停止に対して、欧州サイドが調達先の多様化で凌いだ結果、ロシアが欧州という巨大市場を失って苦しんでいる構図と瓜二つだ。

2012年には南シナ海のスカボロー礁の領有を巡る紛争でフィリピン産バナナの検疫を強化、また13年には中国がノルウェー産のサーモンの輸入規制に踏み切ったが、これは10年に中国の民主活動家の劉 暁 波《りゅうぎょうは》氏がノーベル平和賞を受賞した報復らしい。ノーベル賞といえばスウェーデンではないかと思いがちだが、こと平和賞についてはノルウェー・ノーベル委員会が選考を行うことになっている。ただ、ノルウェー政府はこの選考に関与していないので中国の八つ当たりとしか見えない。

2016年には地上配備型ミサイル迎撃システム(THAAD《サード》)が在韓米軍に配備されることが決まったが、その後中国は韓国製品の不買運動と韓国への団体旅行禁止措置を行った。それまで「日本人観光客さようなら、中国人観光客いらっしゃい」と急速に中国傾斜を強めていただけに韓国側のショックも大きかった。

2020年にはビストルチル上院議長らチェコ国会議員の代表団に対し、事前に「台湾を訪問すれば重い代価を支払わせる」と王毅《おうき》外相が脅したが、チェコ代表団は屈せず台湾を訪問した。中国は警告通り、チェコ老舗メーカー「ペトロフ」製ピアノの注文を取り消した。チェコが台湾訪問を強行した背景だが、16年にチェコを訪問した習近平総書記が「一帯一路」構想に基づき巨額の対チェコ直接投資を行うと約束したにもかかわらず、実際には履行されなかったことで、対中不信感がつのっていたようだ。いずれにせよ、これらの事例から中国は信頼できる国ではなく、一緒にサプライチェーンを構築すれば経済安全保障上のリスクが極めて大きくなるということを多くの国が認識したのは確かなようだ。

ドイツ東方政策の失敗

経済安全保障に言及するのならウクライナ戦争でロシア産ガスパイプライン「ノルドストリーム」を止められたドイツを避けて通るわけにはいかない。エネルギーのロシア依存を極限まで高めて、ロシアに裏切られたドイツの事例を見てみよう。

ドイツがロシア産天然ガスの輸入を開始したのは1973年の石油危機でエネルギー調達先の多様化を迫られていた時である。当時のヴィリー・ブラント西独首相は東方政策を掲げ、ソ連・東欧など共産圏諸国との融和政策を進めていたので、ロシア産ガス輸入開始は絶妙のタイミングであった。79年ソ連のアフガン侵攻で東西の緊張が高まる局面でもソ連は安定的にガス供給を続けたことから、ソ連を引き継いだロシアも信頼できるエネルギー供給国という誤った見方が醸成されていった。

ロシア依存が高まった理由は第1にオランダ、ノルウェー、英国などのガス生産が減少して、2000年時点でドイツの需要の50〜60%しか賄えなくなったこと、第2は03年のイラク戦争によるエネルギー供給不安、第3はゲアハルト・シュレーダー首相が03年のイラク戦争で国連決議を経ずイラクに侵攻した米国を批判したことから、米独関係が急速に冷え込んだこと、第4は11年の福島原発事故を契機としてドイツが原発廃止を決めたからである（実際の廃止は23年4月）。

シュレーダーは個人的にも親しいプーチンのロシアへの接近を強め、2005年にはガスパイプライン「ノルドストリーム」の建設プロジェクトがスタートした。この独露蜜月関係は基本的にアンゲラ・メルケル政権にも引き継がれ、ノルドストリーム2の建設プロジェクトが動き出すなど、ドイツはますますエネルギーのロシア依存を高め、15年に35％だったガス消費量のロシア依存率は21年には55％にまで上昇していった。

ところが、ウクライナ戦争でEUと共にロシア制裁に踏み切ったドイツに対して、プーチンはガス供給の停止という禁じ手で応じたため、ここで初めてドイツはロシアが信頼できるエネルギー供給国との見方は幻想に過ぎなかったことを思い知らされた。厳しいドイツの冬を越せるか不安視されたが、ドイツはカタールとの間で年間200万トンのLNGを購入する15年の長期契約を結び、さらにノルウェー、カナダなど調達先の多様化を進め、なりふり構わず高値でのガス調達に奔走した。幸い、暖冬のせいもあって、ガス貯蔵タンクは満杯となり、ドイツ各地のクリスマスは例年通り煌びやかな光で飾られた。北海沿岸にはドイツ初のLNG受け入れ基地も完成、プーチンの思惑は外れドイツはガス輸入における脱ロシアに大きく舵を切った。

しかし、問題はこれで解決したわけではない。企業の中にはエネルギー価格高騰を事業リスクと認識するところも出てきており、燃料不足で生産減少に追い込まれた粗鋼、アルミニウム、化学などの業種ではドイツ工場の海外移転も検討している。特にエネルギーが豊富で価格面での優位性を持つ米国はドイツ製造業にとって魅力的な移転先である。

ドイツ産業へのエネルギーの安定供給を長期的に維持していくことが容易でないことが、ウクライナ戦争で明らかとなった。将来のドイツのエネルギー確保の見通しについてドイツ政府は２０３５年までに電力は１００％再生可能エネルギーで賄う方針であるが、エネルギーの安定供給、エネルギー価格の安定、再生可能エネルギーへの転換をいかに実現するかドイツ経済にとって大きな課題であることに変わりはない。ロシアに裏切られたドイツの東方政策の失敗は経済安全保障上の教訓と言える。

フレンド・ショアリングの構築

米バイデン政権は２０２１年に半導体供給強化を目的とした米国とＥＵの「貿易・技術評議会」を設立し、22年の会合では半導体やレアアースなどの重要物資に関する米ＥＵ間のサプライチェーン強化で合意した。一方、21年の東アジアサミットでバイデン大統領は「インド太平洋経済枠組み（ＩＰＥＦ）」構想を発表しており、米国が主導して欧州、アジアとのフレンド・ショアリング（同盟国や友好国間に限定した新しいサプライチェーン）の構築に動き出している。

すでに見てきたように中国やロシアなど専制国家は外交関係が悪化すれば、グローバル・サプライチェーンの寸断を戦略的に実行する。よって、経済安全保障の観点から専制国家にサプライチェーンの拠点を置くことはリスクが大き過ぎる。そこで、エネルギー、原材料、部品、製品、物流など既存のグローバル・サプライチェーンを根本的に見直す動きが始まっている。民主国家が採用すべき方法は生産拠点のリショアリング（国内回帰）、ニアショアリング（近隣友好国への工場移転）、フレンド・ショアリングである。

リショアリングとして米国では半導体製造のための施設投資額の25％の税額控除が受けられるＣＨＩＰＳ法の成立もあって、米メーカーのマイクロンが国内工場新設を発表するなど、電気自動車用バッテリー、ソーラーパネル、半導体、バイオテクノロジーの業界が相次いで国内に生産工場を建設すると発表している。日本では半導体大手ルネサスエレクトロニクスが２０１４年に閉鎖した甲府工場を24年から再開する。京セラは半導体部品増産に伴う生産スペース確保のために鹿児島川内工場の増設、日本電産（現ニデック）は川崎に半導体ソリューションセンターを設ける。ダイキンは中国で生産する家庭用エアコンの国内回帰を検討している。

しかし、国内回帰だけでは低コスト生産には限界があるので、民主国家連合間でのニアショアリングやフレンド・ショアリングが今後ますます重要になってくる。その政治的枠組みの一つが先に述べた米国主導の経済圏構想IPEFである。IPEF閣僚会議ではショックに強い弾力性のあるサプライチェーンの構築のために、重要セクターや製品の基準明確化、重要セクター・製品への投資で弾力性を高める、情報共有と危機対応メカニズムの設定、サプライチェーンの物流面の強化などで合意しており、経済安全保障の観点から中国やロシアに依存しないサプライチェーンの構築を目指している。

異次元金融緩和の終焉とマネー逆流

さて、新冷戦時代はブロック経済による生産要素価格の上昇と経済安全保障を意識したグローバル・サプライチェーンの再構築により、コスト高は必至である。よって、世界のインフレ率はポスト冷戦時代よりも高くならざるを得ない。ポスト冷戦時代の金融政策はデフレ突入の阻止に大きなエネルギーを費やしたが、新冷戦時代にはインフレが悪性インフレにならないように管理することが大事になってくる。現在、米連邦準備制度理事会（FRB）は急激かつ大幅な利上げを実施しているが、現状5％のインフレ率をできる限り早めに2％目標に近づけないと、アンカーされている期待インフレが漂流しかねないからだ。

ＦＲＢのＦＦ金利は２０２２年3月より10回連続引き上げられて、23年5月時点で５・０~５・２５％のレンジとなっている。米シリコンバレー銀行（ＳＶＢ）の破綻など不透明な要素もあるので、いったん利上げは打ち止めを示唆しているが、バランスシートの縮小は着実に進むだろう。同じくＥＣＢも主要レポ金利は３・７５％だが、利上げは続くし、バランスシートの縮小も粛々と実行されるだろう。

それに比べると、日銀は異次元緩和の黒田東彦前総裁に代わって植田和男新総裁が誕生したが、欧米と異なり金融政策の正常化を急ぐと金利が高騰して保有国債の巨額の評価損が発生しかねない。下手をすると債務超過に陥るリスクもあり、出口戦略は慎重な上にも慎重であらねばならない。

いずれにせよ、世界の金融緩和局面は終わりを迎え、マネー収縮と高金利の時代に移行していくとすれば、マーケットの視点では株価にプラスということはない。ポスト冷戦下の過剰流動性のおかげでＮＹ株価が３０００ドルから3万ドルへ10倍も上昇したような相場はもはや期待できないだろう。債券価格も下落して長期金利が上昇するので、住宅投資や設備投資、さらに耐久消費財の重しとなり、成長を下押しすることになるだろう。金利が上昇すれば国際間の資本フローも縮小に向かうので、新興国の成長減速も避けられない。

為替については米ドルの復権がメインシナリオになると思われる。世界的にドルの流動性が低下してドル需給がタイトになること、新冷戦下におけるサプライチェーン再構築で米国が主導権を握ること、国際緊張激化で有事のドル買いが意識されること、米国の技術力の優位性などからである。ユーロについては天然資源をロシアに、輸出先を中国の巨大市場に依存する欧州成長モデルが崩壊するので先行きは悲観的にならざるを得ない。

人民元は中国が西側の先端技術、重要部品のサプライチェーンから締め出されること、共同富裕という社会主義政策への回帰による国内投資の落ち込みもあり、成長にブレーキがかかるので下降に向かうと予想される。日本円は海外工場の国内回帰、フレンド・ショアリングの一角を担うこと、潜在的な技術力の高さもあって、日本経済復活に向けた動きも見られ、必ずしも円の先行きを悲観することはないと思われる。

第7章　新冷戦時代の世界経済

ポスト冷戦はITで一人勝ちの米国

新冷戦に入る前にポスト冷戦期の米国経済について総括してみたい。ポイントはアウトソーシングによる米製造業の空洞化とIT革命による産業構造の大転換だ。

2016年の米大統領選挙で大方の予想を覆して共和党ドナルド・トランプ候補が民主党ヒラリー・クリントン候補を破ったのには驚いたが、ちょうど日本に滞在中だった知人のグレン・S・フクシマ（米先端政策研究所上席研究員、米通商代表部日本担当部長なども務めた）もヒラリーを応援していたせいか、ショックを隠せない様子だった。特にウィスコンシン、ミシガン、オハイオ、ペンシルベニアでの勝敗がトランプ勝利に大きく貢献したが、中西部から北東部に位置するこれらの州は産業空洞化の中心地で「ラストベルト（錆びついた地帯）」と呼ばれており、トランプが大統領になればグローバル化の犠牲者であるラストベルトの労働者と製造業を回復させるとの訴えが有権者の心に響いたのだろう。

繰り返しになるが、米ソ冷戦時代に閉ざされていた労働力、資源、土地、技術、マネーがグローバルに開放されたのがポスト冷戦時代の特徴である。米製造業は安価で豊富な労働力を求めて中国などに工場を移し、米国の技術に裏打ちされた良質の製品を現地生産して逆輸入、あるいは現地を生産拠点として世界に製品を供給していった。

ポスト冷戦で生産要素の供給やコストが大きく変化したので、地球上で最も相応しい場所を選び、生産要素を最適に組み合わせて製品をつくるのは企業行動としては正しいが、空洞化した本国の工場地帯や労働者はたまらない。所得の源泉である工場がなくなるのだから、地方政府は税収不足で苦しむし、労働者は失業手当に依存した生活に転落する。勢い、犯罪の増加など治安の悪化も避けられない。

空洞化がポスト冷戦の負の影響だとすれば、ＩＴ革命は空洞化のマイナスを凌駕するポジティブな影響を米経済に与えたのは確かだ。そもそも冷戦時代に培われたコンピュータやインターネット技術は軍事部門の研究開発の成果であり、ＩＴがもたらした利益は「平和の配当」とも言われた。

米国では情報化が一気に進展していき、ＧＡＦＡ（グーグル、アップル、フェイスブック、アマゾン）と呼ばれるＩＴ関連巨大企業が国内ばかりでなく世界市場を独占してしまった。ＩＴ革命とはＩＴ技術の利用により社会システムがまさに革命的に変わっていく様を意味しているが、いつでもどこでものユビキタス社会が生まれ、仕事、消費、コミュニケーションなど日常生活が一変、このＩＴ分野で圧倒的な競争力を持つ米国の一人勝ちが目立った。

新冷戦でも世界をリードする米国

米国に対抗しうる唯一の競争相手は中国とバイデン政権が認め、対中安全保障戦略が米国にとって新冷戦時代の最大の課題であるという点については第2章で言及したが、さりとて米国の優位性が容易には崩れそうにないのも確かだろう。

バイデンは空洞化した米製造業について、新冷戦時代のブロック化と経済安全保障重視の姿勢から、国内企業のリショアリングと海外企業の米国での工場建設が進行していることを指摘、「American manufacturing is back（米製造業は復活している）」と述べ、「CHIPS及び科学法」に基づく産業政策により先端技術を有する製造業の復活プロジェクトを推進していく決意だ。同時に専制国家中国を排除したフレンド・ショアリングの構築を急ぐ方針である。

米国は以前から、情報、マネー、軍事、資源の4つを押さえておけば、米国の世界覇権は揺るがないと考えていた。

情報についてはIT（情報技術）、あるいはICT（情報通信技術）における米国の技術的優位性は世界トップレベルを維持しており、スイス・ローザンヌの国際経営開発研究所（IMD）が発表している世界のデジタル競争力ランキングではデンマークが1位であり、2位が米国、3位がスウェーデンと続き、中国はまだ17位に甘んじている。西側のサプライチェーンから排除され、自前の技術力に頼るしかない中国のデジタル競争力はなかなか米国に追いつきそうにない。もっとも、日本は29位とさらに下回っており、とやかく言える立場ではないが。

米国の情報力の凄さはウクライナ戦争で立証済みだ。偵察衛星でロシア軍の動きを正確に把握して、さらにロシア政府や軍関係者の通信、会話までも傍受していた節があり、だからこそ事前にロシア軍の行動を読み切ることができたのだろう。独仏政府が米国からロシア軍のウクライナ侵攻の可能性を伝えられても、あり得ないと真面目に対応しなかったことで、その情報力の差は歴然としている。同盟国ドイツのメルケル首相の電話が米国に盗聴されていたという疑惑も米国の凄さと同時に怖さでもある。小泉純一郎政権の時、ある内閣官房参与に呼ばれて、官邸で3時間ほど意見交換したことがあるが、彼が最後に「いざとなったら米国は怖いよね。衣の下から鎧が出てくる」と言った意味がわかるような気がする。

情報ソフト面では米国のシンクタンクの存在が大きい。私はワシントンに出張すると、ブルッキングス研究所、ピーターソン国際経済研究所、AEI（アメリカン・エンタープライズ研究所）、CSIS（戦略国際問題研究所）、イアン・ブレマーが代表のユーラシア・グループなどのシンクタンクを訪れていたが、これら研究機関の情報力は膨大かつ精緻で、研究員はいわゆる「リボルビング・ドア」で政府と研究所の間を行ったり来たりしている政策のエキスパートである。政府と民間が協力しあって政策立案に携わる方式は日本も真剣に検討したほうが良いと思われる。

マネーについては基軸通貨ドルの絶対的優位性は特筆すべきだ。今回のウクライナ戦争でもロシア制裁としてドル決済が停止されてロシアも身動きが取れない。一部、人民元決済システムCIPS（Cross-border Interbank Payment System）に頼っているが、決済通貨は人民元に限定されていること、送金情報の伝達について国際送金システムSWIFTに依存しているなど、完全に独立した決済システムにはなっていないので、やはりドル決済禁止はロシアにとって致命的だ。

それに世界のマネーセンターとしての米国市場の存在は大きい。株式市場の時価総額で見ると、ニューヨーク市場とナスダックを合わせると世界の55%を占める。米債券市場規模は世界の40%、為替取引に占める市場規模では米国は19%と英国に次いで2位だが、米ドルのシェアは44%と他通貨を圧倒している。金融取引をするなら各国の中央銀行、民間金融機関も米国市場と米国の金融機関に頼らざるを得ない。よって、米銀との取引を禁止されたロシアは外貨準備の半分に相当する3000億ドルを引き出せないままである。このマネーの強さは新冷戦下でも大きくは変わりようがない。

軍事力については米国の軍事費は8007億ドルと2位の中国の2934億ドルを大きく引き離している。習近平の軍拡方針は不変なので、毎年7%で増やしていけば、15年後には米国を追い越す計算だが、新冷戦下で中国経済が大きく減速すると予想されるので、これはあくまで机上の計算に過ぎない。

米ソ冷戦が終結したのも、もとはと言えば、レーガン米大統領がソ連に対して軍拡競争を挑み、疲弊したソ連経済の崩壊が引き金になっている。いざとなれば米国は軍事力の優位を維持するため、対中軍拡競争も厭わないし、もちろん一国だけでやるのでなく、同盟国と共同して推進するだろう。非生産的な軍備増強はやり過ぎると経済の重荷となってしまうので厄介だが。

エネルギー分野でも米国の攻勢が目立つ。2022年8月に成立した「インフレ抑制法」は予算3690億ドル（約50兆円）で文字通り過度のインフレ抑制が目的の一つであるが、同時にエネルギー安全保障や気候変動対策を迅速に進めることを目的としている。米国はトランプ政権の時は気候変動対策に力を入れていなかったが、バイデン政権になって様変わりした。この法律に基づき、太陽光や風力などの再生可能エネルギー技術の進展のための投資や、それを有効活用するバッテリー開発、そしてEV車の開発生産など製造業への投資を後押しする方針であり、全米50州にわたる高速道路ネットワークに超急速充電器を整備し、EV車の利便性も確保する。

米国は昔は中東情勢に深く関わっていたが、最近は中東に対する関心度合いが弱まっている。理由は簡単、米国内で掘削技術の開発が進み、シェールガス、シェールオイルの生産によりエネルギーの自給率が100%を超えて、いまやエネルギーの純輸出国となっているからだ。もはや米国の生命線ではなくなった中東に肩入れするだけの政治経済的なメリットを感じていないようだ。インフレ抑制法にある「メイドインアメリカ条項」と安価で豊富なエネルギー資源はロシアガスの供給停止という事態を踏まえて、経済安全保障の観点から世界の企業を米国に引き寄せる誘因となっている。

米製造業の復活、情報通信など技術力の優位性、ドル支配、軍事力の優位性、豊富な天然資源という条件を想定すれば、米国が新冷戦時代でも引き続きスーパースターであり続けることは確かだろう。

ポスト冷戦のチャンピオン中国

ポスト冷戦の恩恵を最も享受したのが中国であることは言うまでもない。第1に生産資源がグローバルに開放され、中国の安価で豊富かつ良質な労働力は最も魅力ある生産要素であり、西側企業は中国に生産拠点を求めて殺到した。第2は中国の経済発展により民主化が大いに進むと勘違いして、中国に世界を開放した米国の関与政策など、西側はあらゆる分野で中国に優しく接した。第3は鄧小平の改革開放がポスト冷戦のスタートとピッタリとハマった。社会主義市場経済という「改革」路線は西側資本主義社会の企業にとって中国ビジネスの基盤となった。そこに外国からの直接投資を受け入れる「開放」政策を推進したので、世界の対中直接投資(フロー)はこの30年で15倍にも膨らんでいる。

西側からの直接投資は中国の供給力を飛躍的に増大させて、まさに「世界の工場」として出来上がった製品を世界各地に供給していった。中国の輸出額は1992年850億ドルが2021年には3兆3600億ドルと40倍に増え、世界の輸出額ランキングでは2位の米国の1兆7500億ドルを大きく引き離してトップの座を占めている。

経済規模を名目国内総生産（GDP）で見ると、1992年の2兆7000億元が2022年には121兆207億元と45倍に増加、年平均成長率は13・6％であり、物価上昇を除いた実質GDPで見ても12・7倍、年平均成長率が8・8％を記録するなど驚異的な経済成長を遂げたのである。ちなみに1990年時点では日本のGDPの12％に過ぎなかったが、2000年に24％、10年には105％と日本を追い越し、22年は4・5倍となっている。もう米GDPの8割まで迫っており、米国を超えるのは時間の問題とされてきたが、ことはそう簡単には進まないようだ。

新冷戦時代は内憂外患の中国経済

まずは外患だが、新冷戦下では第1に経済安全保障の観点から西側民主国家が構築するサプライチェーンであるフレンド・ショアリングから排除されるので、西側からの直接投資にブレーキがかかる。同時に中国の労働コスト上昇の影響も見逃せない。

1992年に2635元だった賃金（年間）が2021年には10万6837元と40倍も上昇している。もはや安い労働力を求めて中国に投資する企業はいない。中国の内需拡大を見込んでの投資ならあり得るが、共同富裕で経済減速が予想されるのでこれもあまり期待できない。

第2は先端技術・製品の対中輸出制限が広がることだ。民主主義対専制主義の闘いを標榜するバイデン大統領の圧力もあって、西側諸国が有する先端技術や製品の中国向け輸出は制限される方向にある。

象徴的なのが半導体製造装置で米国と並んで世界をリードする日本、オランダが米政府の強い説得により、中国向けの輸出制限に合意したニュースである。この日米蘭の3ヵ国で世界の半導体製造装置の90%以上を占めており、ここから締め出されると、中国の半導体産業は立ち行かなくなり、中国の製造業に致命的なダメージを与えることになる。

内憂で言えば、やはり共同富裕の弊害だ。第1章で言及したが、鄧小平の先富論を否定した習近平の治世ではアニマルスピリッツに溢れた若手起業家の活躍の場はない。格差社会の是正という名目で高い税金をかけられ、賃上げによる労働分配率の変更を要請され、かつ利益の社会還元を強制されるからだ。

しかも、習近平は「国有企業はより大きく、より強くならなければならない」と述べるなど、国が指導する産業政策の役割を重視し、それを実践する国有企業を優遇する「国進民退」の考え方を押し出している。これでは民間企業にイノベーションを起こす意欲が湧いてこないので民間投資は減速せざるを得ない。

結局、官製イノベーションに依存するしかなく、科学技術の「自立自強」を唱える習近平だが、これではイノベーション主導の経済発展は望み薄である。

次に構造問題としては巨額債務が中国経済に重くのしかかっている。第1が地方政府の債務問題である。これまで中国の成長を支えてきた要因の一つは地方政府による道路、鉄道、港湾などのインフラ投資であり、また省内の国有企業の尻を叩いて設備投資を増大させたことである。共産党の省トップは担当地域のGDPが急増すれば、北京に戻ってから出世が見込めるので、GDP競争で他の省に負けていられないのだ。勢い、後先を考えないで自分がトップにいる間は無茶な投資でもやらせてGDPを上げる傾向がある。これが地方債務急増の背景だ。

まだ、リーマンショック以前は不動産価格の上昇に連動して土地使用権収入が増大したので、地方財政が比較的健全であったが、リーマンショックを乗り切るために、中央政府が打ち出した4兆元（約57兆円）の景気刺激策あたりからおかしくなってきた。中央から地方に割り当てられたノルマ達成のために、無茶な不動産開発や設備投資が進められた結果、「鬼城」と言われるゴーストタウンが生まれたり、稼働しない設備が放置されたりして社会問題化した。

特に地方政府は地方融資平台という投資会社を設立して、金融機関に高利回りの資産運用商品「理財商品」を販売させて得た資金で開発を進めていったが、銀行からの融資ではない資金調達だったので「シャドーバンキング（影の銀行）」と呼ばれた。

身の丈に合わない不動産開発投資はバブルを醸成し、バブル崩壊から巨額の債務を抱える羽目になった地方政府の窮状は相当に深刻化しているようだ。地方政府といっても、地方自治とは無縁で、あくまで中央政府の出先機関であるので、債務処理は中央政府が責任を持ってやるしかない。よって、地方政府や国有企業の不動産開発投資、設備投資は長期的に低迷を余儀なくされる方向にある。

第2が民間の不動産開発業者の債務問題である。2021年11月に大手の恒大集団がドル建て債務の利払いができずデフォルトに陥った。資金難に陥った恒大集団が建設工事を途中で取りやめたために、代金を払っても入居できなくなった人たちや個人投資家が抗議行動に出るなど各地で混乱が拡がった。

中国は改革開放後に急速な経済発展を見せ、不動産需要の高まりから不動産価格が急上昇、さらに利益を求めて一段と不動産投資が活発化するという循環が生まれた。日本のバブルと同じパターンであり、不動産投資は儲かるという経験則から「絶対に」儲かるという不動産神話が生まれて、不動産業者はさらに借り入れを増やしてバブルが醸成されていった。

ところが、不動産価格の上昇は家を持てる人と持てない人の格差を生み出すが、これは中国共産党が最も嫌う事態である。早速、習近平は「共同富裕」の観点から、「住宅は住むためのものであり、投機のためのものではない」という方針を繰り返し、「三条紅線」という不動産業者の負債状況を示す3つの指標を参考にした不動産向け融資規制を銀行に指示した。日本のバブル崩壊の引き金となった「総量規制」と全く同じであり、当然ながら中国版不動産バブルが崩壊して、恒大集団の破綻につながった。慌てた習近平が「三条紅線」の緩和に踏み切ったが、時すでに遅し、その後も不動産市場の低迷が続いている。

結局、これも中国政府が債務処理に乗り出さない限り解決は難しい。不動産が引っ張ってきた中国の成長パターンが壊れたので成長減速は避けられないだろう。

さらに、「一帯一路」も暗礁に乗り上げている。第1に途上国向けインフラ融資が焦げ付いて、不良債権化しつつある。第2は中国マネーで融資国を属国化する中国の姿勢に対して途上国で反中ムードが拡がっている。その結果、ユーラシアに一大経済圏を創り上げて中国主導の経済成長を目論む習近平の構想は頓挫しつつある。これまで共産党大会や全国人民代表大会で幾度も強調していた「一帯一路」に最近、習近平が言及しなくなったのは何か不都合がある証かも知れない。

いずれにせよ、共産党一党独裁、習近平の皇帝化が進むにつれて、人権抑圧や言論封じ込めが酷くなってきており、人心の共産党離れ、習近平批判が高まっている。共産党一党独裁の制度疲労が進行しているので、新冷戦下の中国経済の行方は極めて厳しいものになると予想される。

中露に依存したポスト冷戦の欧州成長モデル

ポスト冷戦時代で第1に思い浮かぶのは欧州統合の飛躍的前進である。1990年のドイツ統一の勢いもあったのだろう。

1992年に調印された欧州連合条約、別名マーストリヒト条約は第1にEU（欧州連合）の創設を高らかに宣言している。EUは従来のEC（欧州共同体）に共通外交・安全保障政策と警察・刑事司法協力を加えて3本柱で構成されることになった。第2は単一通貨ユーロの創出である。すでに87年に発効した「単一欧州議定書」に基づき、92年に市場統合が完成したのを受けて、「One Market, One Money（単一市場には単一通貨を）」のキャッチフレーズの下でユーロ導入を決めたのである。

　当時、ベルギーの首都ブリュッセルにあるEU本部の欧州委員会を訪れると、迎えてくれた経済金融総局のシューベルト局長は欧州統合の前進にすこぶる上機嫌だった。欧州統合の旗振り役の欧州委員会官僚にとって統合前進は我が意を得たりというところだろう。これに比べて、アンカー通貨の座をユーロに明け渡さざるを得なくなった独マルクの守護神「Bundesbank（独連銀）」の幹部連中には法律で決められたこととはいえ、金融政策という主権をECB（欧州中央銀行）に移譲しなければならない悔しさが感じられた。実際に1999年にユーロが誕生すると、世界からの訪問客でごった返していた独連銀の1階ロビーには人影が失せて一抹の寂しさを覚えたものだ。

　次に欧州で起こったのは、ユーロ誕生とポスト冷戦による国際資本移動の増加の結果、ギリシャなどEU周縁国ではユーロ危機と呼ばれる債務危機が起きたことである。これは第5章で述べたのでここでは繰り返さない。第3はドイツはじめEUが、ロシアと中国との経済関係を緊密にして、安価で豊富な天然ガスをロシアに依存して、生産した工業製品を巨大マーケットの中国に売り込むという欧州成長モデルを構築していったことである。ロシアへのエネルギー依存については第6章のドイツ東方政策の箇所で触れたので、ここでは独中関係について取り上げてみよう。

ドイツが中国と国交を樹立したのは1972年、ちょうど、東西ドイツ統一を夢見るブラント西独首相が実務面での協力と交流拡大を謳った東西ドイツ基本条約の仮調印を済ませたタイミングだった。その後、独中関係は89年の天安門事件やチベットの人権弾圧を巡って非難の応酬が続くなど必ずしも平穏ではなかったが、独中緊密化に舵を切ったのが98年から2005年まで政権を担当したシュレーダー首相であり、続くメルケル首相も同じ路線を歩んだ。二人とも経済重視の傾向が強く、人権問題に深く突っ込むことは避けていたようだ。ここらは独露蜜月関係とよく似たパターンである。特にメルケルは在任中、中国訪問回数は12回なのに、訪日は6回、しかもうち3回は洞爺湖・伊勢志摩でのG7サミット、大阪でのG20サミット出席が目的であるので実質3回、メルケルの中国重視がよくわかる数字だ。

メルケルの中国傾斜でドイツの輸出総額に占める対中輸出比率は、2020年時点で8%と米国に次ぐ第2位の輸出先となった。また、中国への外国直接投資に占めるドイツの割合は2020年で43％と高く、直接投資残高は20年で900億ユーロと10年前の3倍になっている。一方、中国企業によるドイツ企業買収も目立ち、それも15年に公布された「中国製造2025」で掲げられた重要産業に集中している。

そのためドイツでは近年、経済安全保障の観点から技術流出の懸念が強まり、とりわけウクライナ戦争を境に専制国家中国と緊密な経済関係を結ぶことへの警戒感が急速に広がっている。

新冷戦で欧州成長モデルが崩壊

ウクライナ戦争と米中対立に象徴される新冷戦構造は、ドイツ及び欧州の成長モデルを崩壊させた。

第3及び第6章で述べたようにロシアがノルドストリームによる欧州向けガス供給を停止したために、ロシアと欧州の双方に致命的な打撃を与えることになった。特に福島原発事故を契機に原発廃止を決めたドイツのエネルギー事情は深刻である。ロシア産ガスの代替のためカタールと長期契約を締結、またノルウェーやカナダから高値でガスを買い漁ったが、長期的視点からエネルギー調達コストの上昇に加えて、ロシア産ガスなしで成長に必要な量を十分に確保できるかどうかははっきりしない。産業立地で優位なはずだったドイツがエネルギー危機で製造業者に動揺を与え、産業空洞化のリスクが大きくなった。

中国の露骨な覇権主義と激化する米中対立も独中関係の見直しにつながりそうだ。第1に南シナ海、東シナ海で法の支配を無視して、力による一方的な現状変更を試みる中国の軍事的脅威は、戦後ドイツの価値観からも見過ごすことのできないレベルまで高まっている。2021年にはドイツ海軍フリゲート艦「バイエルン」をアジア太平洋に派遣し、日本にも寄港するなど、中国を牽制し始めている。

第2に経済安全保障の観点から自分に都合が悪くなると、すぐにレアアースなど重要資源の供給を停止したり、相手国からの輸入を禁止する中国との関係を緊密化することに警戒感が強まっている。第3は同盟国・友好国に限定されたフレンド・ショアリングから中国が排除されるので、中国に生産拠点は置けなくなるし、先端技術製品の中国向け輸出も制限されることになる。2023年3月、ドイツ閣僚として26年ぶりとなるシュタルクワツィンガー教育・研究相が突然台湾を訪問したが、これはこの文脈で捉える必要がありそうだ。

安価で豊富なロシア産ガスに依存して、巨大な中国マーケットへの輸出を増やして成長するポスト冷戦時代のドイツ及び欧州の成長モデルは、新冷戦の下で崩壊の憂き目にあうことになる。

残念ながらそれに代わる欧州の新たな成長戦略が見えて来ない。問題はウクライナ戦争でEUの分断が進むことだ。第1に2009年からのユーロ危機で緊縮財政を強いられたギリシャなど周縁国は、ドイツなどEUリーダーに対する不満が鬱積している。第2に流入する移民難民に比較的優しい西欧加盟国と受け入れを拒否する東欧加盟国で意見が対立している。第3にウクライナ戦争による経済エネルギー危機に金にまかせて対応したドイツなど豊かな国と、それができない東欧・南欧加盟国との間で軋轢も生じている。

EUの連帯にヒビが入ると、各国で極右が台頭するし、インフレが加速すると労働争議が頻発する。ウクライナ戦争以後、独ルフトハンザ航空のスト、仏パリの地下鉄など公共交通機関のスト、英国でも鉄道、空港スタッフ、ゴミ清掃員のストが頻発している。また、自由・民主・人権尊重のEUの中にハンガリーのオルバン政権のような独裁者も誕生している。このように欧州では分断が目立つようになってきており、欧州統合が大きな曲がり角に来ているのは確かである。新冷戦時代の欧州経済はポスト冷戦時代とは打って変わって厳しいものにならざるを得ないだろう。

第8章　新冷戦は日本大復活の時代

台湾TSMC進出で沸騰する熊本

２０２３年1月、熊本の中小企業団体が主催する新春セミナー講演に出かけるため、羽田空港の搭乗ゲートで待機していると、知人のメガバンク常務から「熊本に行かれるのなら、熊本はTSMC（台湾積体電路製造）進出を象徴として、極めて活気があると聞いていますので、よく見てきて下さい」というメールが届いた。確かに米中半導体戦争の真っ只中、台湾TSMCの熊本半導体工場建設はまさに国内外の関心を呼ぶホットな話題であり、地元の反応を肌で感じる良い機会だと思い、期待を膨らませながら熊本に向かった。

熊本県庁や各市役所の幹部、地元財界人が一堂に会した会場はTSMCの話題で持ちきりで、想像以上に熱気の高まりを感じた。

耳に飛び込んでくるのは「TSMCの熊本進出は出発点に過ぎない」「熊本の産業立地基盤の優位性から海外企業の直接投資は飛躍的に増加していくだろう」「熊本は今後、先端テクノロジー・センターとして、日本のシリコンバレー（九州シリコン・アイランド）の役割を果たすことになる」といった活気溢れるものだった。ちょうど講演の中身が新冷戦で世界経済が大きく変わり、民主国家連合によるフレンド・ショアリングが構築され、その一角を日本が担うというものだったので、思いが通じるところがあったのだろう。

半導体メーカーには主に設計等を担い工場を持たない「ファブレス企業」と製造を担うために工場を持つ「ファウンドリー（受託生産）企業」があるが、ＴＳＭＣは後者にあたる。１９８７年に台湾で創業され、従業員は世界で約６万人、売上高は約10兆円、時価総額は56兆円でトヨタの約１・８倍という世界トップクラスの半導体メーカーである。

そのＴＳＭＣは２０２１年に日本への工場進出を決定、熊本県菊陽町では24年12月の出荷開始に向けて工場建設が進んでいる。こうした需要増加を見越して、半導体製造装置など関連の国内企業が熊本で新たな工場建設、設備を増強しており、ＴＳＭＣが呼び水となって国内設備投資が活発化する好循環が見られるようになっている。

進出先として熊本が選ばれた理由として、第１にクリーンな水資源の豊富なことがあげられる。熊本市の東にそびえる「火の国」の象徴である活火山阿蘇を源流とする水は、白川の流れとなって熊本市を通って有明海に注ぐ一方、地下水は熊本市の水道資源を１００％賄うほどの豊富さを誇っている。これはＮＨＫ「ブラタモリ」で「水の国・熊本」として取り上げられたことでも知られている。半導体の製造には洗浄に使う豊富な水が必要であり、熊本は最適な水資源に恵まれた土地である。

第2の理由として、九州には半導体関連メーカーが多数存在し、熊本のTSMC工場との連携が大いに期待できることだ。TSMCと共同で熊本工場を立ち上げるソニーも熊本に自社の半導体工場を持ち、TSMC進出に合わせて半導体新工場を建設することを検討しているようだ。第3は阿蘇の外輪山の麓から西に広がる広大な熊本平野の存在である。半導体工場など産業クラスター（集団）を受け入れるのに適した土地であり、物流という視点ではその中心に熊本空港が位置しているなど好条件が揃っている。ちなみにTSMC工場建設中の菊陽町は熊本空港からわずか3キロしか離れていない。

TSMCの工場建設が起爆剤となって、国内投資が活発化するのはひとつのモデルケースであり、TSMCのように日本に進出する海外企業が増えていけば、日本経済の復活に大いに貢献することが期待される。

これまで直接投資と言えば、日本から中国やASEAN諸国への工場進出、すなわち資本流出による日本経済の産業空洞化という負のイメージが強かったし、特に地方の企業城下町の衰退は目を覆うばかりであった。

ところが、TSMCの事例はこれまでと正反対の資本の流入であり、日本経済の周りでダイナミックな潮流変化が起きていることを予感させる。単に水資源が豊富だ、国内関連メーカーが多いというだけでは説明しきれないものがあり、それは米中対立によりポスト冷戦が終焉を迎え、新冷戦に世界が移行していることと大いに関連がありそうだ。熊本で起きていることが新冷戦の世界とつながっているのは間違いない。

ウォーレン・バフェットの訪日

２０２３年4月上旬、著名な米投資家ウォーレン・バフェットが来日して、伊藤忠商事の岡藤正広会長（ＣＥＯ）をはじめ大手商社のトップと会談を行い、メディアとのインタビューでは日本株購入拡大を検討すると発言するなど、マーケットではちょっとした話題になった。バフェットといえば、世界三大投資家の一人、市場関係者が色めき立つのも無理はない。バフェットが動くと、相場も動くからだ。

バフェットの投資手法は「バリュー投資」というもので、要は利益に比べて株価が割安であれば投資するという極めて真っ当なやり方である。バフェットが日本株に目をつけているのは、ポスト冷戦時代の30年で米国株が10倍も上昇しているのに、日本株は横ばいと完全に出遅れていること、為替が一時の70円台から１５０円まで円安が進行したことから、対日投資の機が熟したと判断しているからだろう。素直に考えれば、株価が海外の水準に追いつこうと上昇し、かつ円高に反転すれば為替利益も加わり、ダブルで儲かる。しかも、TSMCの事例を見れば、日本が新冷戦時代におけるアジア地域での民主国家連合の要として期待され、海外直接投資を呼び込んで、アジア・ハイテクセンターの地位を獲得することが予想されるからである。

岸田政権も対日投資拡大は成長促進の起爆剤となるとの認識から、政府の「対日直接投資推進会議」は生産・研究拠点としての日本の魅力を高めること、そして半導体、DX（デジタル・トランスフォーメーション）、GX（グリーン・トランスフォーメーション）、バイオ・ヘルスケアなど戦略分野への投資促進とグローバル・サプライチェーンの再構築を目指すとしている。数値目標としては2020年に40兆円だった対日直接投資残高を30年に80兆円に倍増、さらに早期に100兆円を目指す方針である。

この一連の流れの中で急激に進むデジタル社会の広がりに対応すべく、膨大なデータ処理とストレッジ需要の増大を想定して、海外資本による大規模なハイパースケール・データセンターの日本進出ラッシュが続いている。シンガポールのプリンストン・デジタル・グループ（PDG）は、10億ドル投資してさいたま市に施設を建設する計画だ。エクイニクス・ジャパンはシンガポール政府系ファンド（GIC）と合弁で10億ドルの設備投資計画を発表している。あとハイパースケール・データセンターとしてはオーストラリアのエアトランクが千葉の印西市に、シンガポールのデジタルエッジが東京都内に、香港のESRケイマンは大阪にデータセンター構築の方針だ。

このように日本政府が成長の起爆剤として期待する対日直接投資は、新冷戦という環境変化を受けて、ハイテク業界を中心にこれから加速度的に増えてくることが予想されるのである。

ポスト冷戦時代は三重苦だった日本経済

振り返ると、ポスト冷戦時代は日本がバブル崩壊の後始末に追われる最悪のタイミングでやってきた。ポスト冷戦は世界の労働力、資源、土地、マネー、技術が開放されたことから、物価の安定と生産性向上を受けて、世界貿易と投資が飛躍的に増大して、インフレなき持続的成長が長きにわたり継続した。世界、とりわけ中国など新興国がその果実を享受したが、唯一、日本だけが蚊帳の外、理由はバブル後遺症によるバランスシートの悪化、異常な円高、グローバル化による産業空洞化の三重苦に陥っていたからだ。

労働力など生産要素価格の下落で世界はディスインフレで心地よかったが、日本経済はさらにデフレが進行して潰されてしまった。１９９７年、バブル崩壊の後遺症で苦しんでいた北海道拓殖銀行は債務超過危機で資金繰りに窮して破綻、簿外債務の発覚で自主廃業した山一證券など日本は金融危機に直面して、下降傾向だった地価と株価は底割れ状態となり、２０００年代半ばまで下落を続けることになる。日経平均株価は２００３年４月にバブル崩壊以後の最安値７６０３円76銭を記録したが、リーマンショック後の09年３月には７０５４円98銭とさらに最安値は更新された。

日本の製造業に深刻な打撃を与えたのは止まらない円高だった。大規模な為替介入と金融危機で一時的に円安に振れたが、２０００年代に入ると再び円高が続き、リーマンショックでドルが底割れして、11年10月に１ドル75円32銭の変動相場制導入以降の円の最高値をつけた。急激な円高は製造業の競争力低下をもたらし、円高のボディーブローに耐えられない企業は工場閉鎖に追い込まれたり、中国やＡＳＥＡＮへの工場移転を決断した。産業空洞化に直面した地方都市では壊滅的打撃を被るところも出てきた。

円高で体力が低下した企業は雇用カットか賃下げかの二者択一を迫られたが、米国とは企業風土が異なる日本では大量解雇はしづらく、結果的に賃下げで労使共に妥協せざるを得なかった。賃金水準は１９９７年をピークに低下、それから25年が経過するが、いまだに名目賃金はピーク時を回復していない。「失われた10年（lost decade）」と呼ばれたようにゼロ成長とデフレの時代はその後も長く続くことになった。

それでも企業の多くは自主的に不良資産の縮小に努め、例えば伊藤忠商事は1999年に丹羽宇一郎社長が約4000億円の不良資産を一括処理して世間をあっと言わせた。

金融機関の不良債権処理について2002年に竹中平蔵金融担当大臣が打ち出した「金融再生プログラム（竹中プラン）」は主要銀行の不良債権比率8・4％を2年半で半減させる大胆な政策であり、しかも銀行が一定の自己資本比率を達成できなければ実質国有化が待っているという劇薬であった。銀行にとって選択の余地はなく、結果的に05年には不良債権比率は2・9％までに改善した。

これが幸いして2008年にリーマンショックが襲っても邦銀の経営は盤石だったし、米政府がモルガン・スタンレー救済で三菱UFJフィナンシャル・グループに出資を要請してきたことはバランスシートの日米逆転を強く印象づけたものだ。市場原理主義者と決めつけられて、とかく批判されることの多い竹中氏だが、バブル崩壊の後遺症で脆弱だった日本の金融システムを建て直した手腕は素直に評価すべきだろう。

アベノミクス「第1と第2の矢」

２０００年から12年にかけての日本経済は実質成長率の平均が０・６％と超低成長、消費者物価の平均上昇率はマイナス０・６％と、バブル崩壊後にはまり込んでしまったデフレのぬかるみからなかなか抜け出せない状況が続いていた。このデフレを吹き飛ばし日本経済の再生を目指して総理にカムバックしたのが安倍晋三氏だった。打ち出した経済政策がアベノミクス。山口に縁があることもあってか、毛利元就の「３本の矢」にちなんだ政策は、第１の矢「大胆な金融政策」、第２の矢「機動的な財政政策」、第３の矢「民間投資を喚起する成長戦略」からなっていた。

第１の矢と第２の矢は不況からの脱出を目的としたケインズ政策であり、潜在成長軌道から下方に外れてしまった日本経済を財政金融政策を駆使して、とりあえず元の成長軌道に復帰させることを目指す。第３の矢は潜在成長軌道の傾きをアップさせて、日本経済がより高い成長軌道を走ることを目標としている。アベノミクスは構想としては完璧だが、「言うは易く行うは難し」で実行、実現には多くの苦難がつきまとった。

第１の矢を放ったのが財務省出身の黒田東彦日銀総裁だ。２０１３年３月に就任した黒田総裁は2年で2%のインフレ目標を実現させると宣言して、異次元緩和と呼ばれる強烈な「量的・質的金融緩和」を導入した。マジックナンバーは「2」である。2年でインフレ2%を実現、このためにマネタリーベース（日銀が供給するマネー量）を2倍、長期国債・ETF（上場投資信託）の保有額を2倍、長期国債買い入れの平均残存期間を2倍以上に延長する、といった具合で冗談かと思いたくなるくらいの「2」のオンパレードだった。

びっくりしたのは為替市場だった。金融が緩和された通貨は下落するのが常識、一時は1ドル70円台をつけていたが100円台に戻り、2014年10月に「バズーカⅡ」と呼ばれる第2弾の異次元緩和を発表すると、125円まで円安が進行していった。円安だと輸入物価が上がるので、インフレ率も1・5%まではするすると上昇したが、安定的に2%インフレを実現するには円安ばかりには頼っていられない。その時、ある経済指標に目が止まった。輸出数量が全然増えてこないのだ。

円安は日本製品の価格競争力を高めるので輸出（数量）が伸びるはずだがおかしい。何か原因があると思いながら考えを巡らしていると、はたと「そうか、空洞化が進んでいるのか」と気がついた。バブル崩壊と冷戦終結が同じタイミングなのも不思議な因縁だが、グローバル化と異常な円高で日本企業の海外への工場移転が想像以上に進行していたのだった。日本の供給力が落ちているのでは円安の輸出刺激効果は薄い。これでは金融緩和を起点として円安、輸出増加、生産増加、労働需給の逼迫、賃金上昇、インフレ、消費拡大、設備投資拡大、成長率の上昇といった好循環メカニズムが働かない。

じつはバズーカⅡが発表された日銀政策決定会合開催日の夕刻に、私も含めて民間エコノミスト数名が日銀に呼ばれ、バズーカⅡについてブリーフィングを受けた。質疑応答に入ると、私は真っ先に手を挙げて、「1年半バズーカをやっても2％インフレにはならなかったじゃないですか。空洞化が進んでいるのでバズーカⅡをやっても2％物価目標の達成は難しいと思います」と自説をぶつけてみたが、全く受け入れてもらえなかった。最後に「中央銀行が不退転の決意でインフレ目標を実現させると思えば、インフレ目標は達成されるのです」と言われたので、信じるか信じないかという話になると、もう宗教の世界だなと思って、反論する気にもならなかった。

あれからもう10年近くになるが、結果は見ての通りである。異次元緩和の継続でも2％インフレは実現できず、日銀の国債保有残高は2022年末で564兆円と国債発行残高のじつに5割超を占めることになってしまった。日銀は短期金利をマイナス0・1％、長期金利を0％とするイールドカーブ・コントロールを採用しているため、今度は必死で長期金利の上昇を抑制するため0・5％で国債を無制限に買い入れる指し値オペを導入することになった。すると、国債保有残高は余計に膨らんでしまう。結果として長期金利の上昇による評価損が懸念される事態を招いてしまった。

しかし、実際のところ、国債価格下落による損失を日銀も財務省もあまり気にしていない。仮に日銀が債務超過になっても、国が補塡するので、びくともしないと言うのだ。だがそうだろうか。マーケットの感覚からすれば、日銀が債務超過に陥り、政府が支援に乗り出すというニュースが流れれば、円安、株安、債券安のトリプル安を招いて、マーケットが一時的に大混乱になる可能性が高い。山一證券破綻やリーマンショックの経験からすると、マーケットの反応を甘く見るのは危険だ。

繰り返すが、金融政策は潜在成長軌道から外れた経済を元の軌道に戻す短期的な政策である。いつまでもダラダラと緩和を続けると副作用が大きくなる。本当は2年くらいで見切りをつけて、覆面介入のように数値を明示せず徐々に国債購入額を減らしていけば良かった。下手に公言すると、再び円高に振れるので、そうならないように慎重にことを運ぶべきだが、「日銀としてやるだけのことはやった。緩和政策は維持するが、あとは政府にもっと頑張ってもらいますよ」というスタンスも必要だったように思う。

ただし、異次元緩和を全否定する気はない。異次元緩和のおかげで日本経済三重苦のひとつだった異常な円高が止まったし、日経平均株価が3万円台まで回復したことでバブル崩壊以降の企業のバランスシート改善に大いに貢献したのも事実である。だから、2％のインフレ目標に固執せず、金融政策の役割に照らして、もう少し柔軟に対応しておけば良かったのにという気持ちだ。

安倍元総理が『安倍晋三回顧録』(中央公論新社)の中で「最も重要なのは雇用です。完全雇用を達成していれば、物価上昇率が1％でも問題はなかったのです」と述べているところをみると、安倍総理のほうが黒田総裁よりずっと柔軟だったように思われる。

第2の矢の財政支出に関しては2001年の小泉政権から続いてきた公共事業費の減少傾向に歯止めを掛けたし、国際競争力の観点から法人税の実効税率を18年に37％から29・74％に引き下げる措置をとった。いずれも需要及び供給の両サイドからの景気刺激要因だが、一方で日本経済が元の成長軌道に戻りつつある14年に、消費税を5％から8％に引き上げてしまったのはまずかった。片方でアクセルを踏み、もう片方ではブレーキを踏むとは矛盾も甚だしい。財政再建は避けて通れない重要課題であるのは重々承知しているが、景気の回復を確認してからでも遅くはなかった。第2の矢で機動的な財政政策と謳いながら柔軟に対応できなかったのは失敗と評価せざるを得ない。

第3の矢は岩盤規制を貫通せず

経済成長論でもっとも重要な要因はイノベーションによる生産性の向上である。技術イノベーションに加えて、構造改革など社会の仕組みを変えることで生産性を上げる社会イノベーションも極めて大事である。アベノミクスの本丸である第3の矢「民間投資を喚起する成長戦略」は、「投資の促進」「新たな市場の創出」「人材の活躍強化」「世界経済とのさらなる統合」の4分野を掲げている。特に安倍首相は成長の障害となっている規制の撤廃を重視して、農業、医療、教育、雇用、エネルギー分野のいわゆる岩盤規制にドリルで穴を開けると宣言して規制改革に取り組んだ。

農業の規制改革のコアは農協改革である。安倍政権は日本の農業の生産性が低く、コスト高で競争力に劣る構造を改革しようとして、第1にJA（農業協同組合）グループの中枢で総合調整、監査、戦略策定を担う「全国農業協同組合中央会（全中）」の統制力を弱めるために、全中の規定を農業協同組合法（農協法）から削除し、地域農協の監査は全中監査だけでなく、一般の監査法人の監査でも可能とすることを目指した。

第2は農業関連の経済事業である肥料や農薬、農業機械の購入、農産物の販売を一手に扱い「農業商社」と呼ばれる「全国農業協同組合連合会（全農）」の株式会社化である。農家が全農を通してコストの高い生産資材を購入している限り、日本の農業の競争力回復には繋がらない。株式会社化することで独占禁止法の適用対象となり、税制上の恩恵もなくなるので、いきおい、民間企業との資本・業務提携などに動かざるを得なくなり、競争力強化に繋がると期待していたようだ。

激論の末に落ち着いた結論は2015年の農協法改正で全中の規定を農協法から外し、全中を一般社団法人に移行させることにした。ただし、農協法の附則第22条3で一般社団法人化した全中は、一「社員である組合の意見を代表すること」、二「社員である組合相互間の総合調整を行うこと」と記載して、直接的ではないが、その役割を温存させたことで実質的な影響力が残ると言われている。全農の株式会社化は農協法第73条の2で「出資組合又は出資農事組合法人はその組織を変更し、株式会社になることができる」としたが、決めるのは全農の判断に任されているので、メリットのある協同組合を捨てて株式会社に組織変更することはないだろう。結局、改革は確かに行われたが、当初の目的が達成されたかとなると疑問だ。

それから医療改革のひとつである医学部新設は医師会の反対が根強く、「国家戦略特別区域（特区）」を使って「特例」として２０１７年に国際医療福祉大学に医学部が新設された。オンライン診療もコロナに限る「特例」措置である。教育改革も百家争鳴でデジタル化、オンライン授業は難航しており、また獣医学部の新設では特区を使った加計学園の例があるが、いろいろと物議を醸したことは大きくニュースで取り上げられた。雇用改革では働き方改革、女性の活躍推進、外国人材の受け入れが進められ、エネルギー改革では電力システム改革、ガスシステム改革が行われたが、その効果がいまひとつ実感されない。

安倍総理は第１次安倍政権で積み残した規制改革をアベノミクスの目玉として再び俎上に載せて、岩盤規制にドリルで穴を開けようと努力したが、想像以上に岩盤は固かったというのが実感ではなかろうか。安倍政権は法改正を実現させるなど穴を開けるには開けたが、残念ながら岩盤を貫通してはおらず、トンネルの向こうの新世界の空気はまだ入って来ていないのが実情だと思われる。

技術イノベーションに関しては「総合科学技術会議」を衣替えした「総合科学技術・イノベーション会議」が司令塔となって、毎年「科学技術イノベーション総合戦略」を作成して、イノベーションの実現推進に尽力した。ただし、取り組む課題が前半はクリーンエネルギー、健康・医療、次世代インフラ、地域資源を活用した新産業育成、ＩｏＴ（モノのインターネット）、農林水産業の成長産業化、人材強化、大学改革、オープンイノベーション、後半はサイバー空間とフィジカル空間の融合を目指すSociety5.0の実現やＡＩ、バイオテクノロジー、量子技術など最先端分野の技術を重点として取り組むことにしていたが、守備範囲を広げ過ぎた感が強い。

官邸のほうでもう少し交通整理をして数項目に絞って推進すれば、個々の進捗状況がもっと「見える化」できたのではないかと思うのでやや残念ではある。

さらに、当初、２０１３年に成長戦略の司令塔として設置された産業競争力会議が毎年「日本再興戦略」という名の成長戦略を発表していたが、第4次産業革命の未来投資の進捗状況が不十分ということで、16年に「未来投資に向けた官民対話」と統合して「未来投資会議」に名称変更され、今度は「未来投資戦略」という名前で成長戦略が発表されるようになった。

しかし、司令塔や成長戦略の名称がくるくる変わるのでは、国民目線ではわかりにくい。経済財政政策に関する最重要会議「経済財政諮問会議」があるのだから、屋上屋を架すことはせずに、経済財政諮問会議に成長戦略の司令塔を一本化すべきだったと思う。シンプル・イズ・ベストである。

「地球儀を俯瞰する外交」

安倍外交のキャッチフレーズである「地球儀を俯瞰する外交」とは「単に周辺諸国との2国間関係だけを見つめるのではなく、地球儀を眺めるように世界全体を俯瞰して、自由、民主主義、基本的人権、法の支配といった基本的価値に立脚し、戦略的な外交を展開していく」ことだ。

安倍総理は2019年1月の198回通常国会での施政方針演説で「我が国の平和と繁栄を確固たるものとしていく。そのためには、安全保障の基盤を強化すると同時に、平和外交を一層力強く展開することが必要です。この6年間、積極的平和主義の旗の下、国際社会と手を携えて、世界の平和と繁栄にこれまで以上の貢献を行ってきた」と述べている。平和はただ叫んでいれば自然と手に入るものではない、その前提として防衛力の強化が不可欠である、という安倍イズムが詰まっている演説と言える。

安倍総理8年の在任中の外国訪問回数は81回、訪問国（地域を含む）は80ヵ国、のべ訪問国（地域を含む）は176ヵ国に及ぶ。飛行距離は158万キロ、地球約40周というスケールだ。2013年の13回に始まって、ほぼ月1回のペースで外国訪問が行われた。文字通り、有言実行の「地球儀を俯瞰する外交」だった。特に就任当初の東南アジア訪問と米国訪問時のスピーチに安倍外交の目的と決意が示されている。

総理就任直後の2013年1月の東南アジア訪問の際、ジャカルタで予定していたスピーチ（アルジェリアで邦人が拘束され直接指揮を執るため、安倍総理が急遽帰国したので文面のみ）では、その後の安倍外交の基本である「自由で開かれたインド太平洋（FOIP）」と「日米同盟」の2点が強調されている。アジアの海をオープンで自由で平和なものとし、法の支配が貫徹する公共財として保ち続けるためには日米同盟の役割が大きいと述べて、さらに海洋アジアとのつながりの強化を提唱、そして、未来をつくる5原則の中で「思想、表現、言論の自由」や「公共財である海は、力によってでなく、法とルールの支配するところ」と述べている。

翌2月にはワシントンを訪問、オバマ大統領との日米首脳会談に臨み、その後、戦略国際問題研究所（CSIS）でスピーチを行ったが、タイトルは「Japan is back（日本は戻ってきました）」、安倍総理自身の総理復帰を意味する「I am back」にかけて、日本を2級国家にするようなことはしない、と決意表明を行った。内容はジャカルタ・スピーチと重なるが、第1にインド太平洋地域の重要性を指摘し、日本が貿易、投資、知的財産権、労働や環境を律するルールの推進者として主導的な地位を保つこと、第2は開かれた海洋公共財などのグローバルコモンズ（国際公共財）の守護者であり続けることを約束し、第3は米国、韓国、豪州など、志を同じくする民主主義各国といままで以上に力を合わせなくてはならない、と訴えている。

「安倍外交」は最大の成長戦略だった⁉

その目標実現のために日本は国防においても、経済においても強くあらねばならないとして、「財政が苦しい中でも防衛予算を増やし、アベノミクスで日本にはびこるデフレを取り除き、株価を上昇させ、GDPを2％押し上げ、60万人の雇用を生み出す。第3の矢の成長戦略による民間投資への効果は予想より早く現れる」と自信を示していた。さらに尖閣問題に言及して、「尖閣諸島が日本の主権下にある領土だということは、歴史的にも法的にも明らかであり、それに対するいかなる挑戦も容認しない」と強い意志を披露し、最後に「日米協力によって法の支配、民主主義、安全な世界を築くためにも、日本は強くあり続ける」と締め括っている。また、2015年4月のワシントン訪問時には上下両院合同会議で日米同盟を「希望の同盟」と呼び、日米で力を合わせて世界をもっとはるかに良い場所にしていこうと呼びかけた。

安倍外交は世界に日本が自由主義、民主主義の守護者として信頼できるパートナーであることを認知させた8年間だったと言えよう。日米同盟を基軸として、「自由で開かれたインド太平洋」を推進、その目標実現のために自らの防衛力を強化し、アベノミクスで経済再生を推し進め、地球を40周して多くの国との信頼関係構築に努めたのである。

新冷戦時代の国際緊張の高まり、経済安全保障の重要性という見地から自由、民主主義の同盟国・友好国は互いにフレンド・ショアリングというグローバル・サプライチェーンの再構築に動き始めている。

そして、安倍外交は日本がフレンド・ショアリングの拠点として海外から選択されるための基礎を築いたという点で高く評価されるべきだろうし、その実例が台湾TSMCの熊本工場進出である。TSMCは日本に投資する海外企業の先駆けとして重要な役割を果たすことになるだろう。TSMC以外にも米マイクロンは広島工場に半導体メモリーの最先端部品製造用の設備を導入、韓国サムスンは横浜に半導体拠点を建設、ベルギーの半導体研究開発機関アイメックは日本の半導体メーカー・ラピダス支援のため北海道に研究拠点を設置、米インテルはイスラエル半導体受託生産会社タワーセミコンダクタの富山工場を買収、など案件は目白押しである。広島サミット直前の２０２３年５月18日には岸田首相が海外半導体メーカー７社のトップと会って政府は対日投資への支援に取り組む方針を強調している。これらは日本が新しい半導体サプライチェーンの核になる可能性を示唆している。

台湾ＴＳＭＣの進出が起爆剤となって国内関連企業の設備投資が拡大しているのを見ると、じつは安倍総理の「地球儀を俯瞰する外交」が最大の成長戦略ではなかったのかと思わせる。新冷戦と安倍外交のコラボが海外企業の日本進出を通じて、日本経済の再生に大きく貢献する、そういう未来を強く予感させるのである。

訪日外国人旅行者数は安倍政権下で４倍に急増して２０１９年には３１８８万人を記録した。訪問客の多くは日本製品、日本文化に触れることで、ジャパンブランド、メイドインジャパンの素晴らしさを実感したことだろう。ＴＳＭＣはフレンド・ショアリングの一例だが、それ以外の海外企業の誘致要因としてジャパンブランドは魅力的だ。日本に進出して作られた製品はメイドインジャパンとして世界に販売できることになる。雇用される日本人労働者の質は極めて高く、現場主義のボトムアップによる製品の品質向上も期待できる。しかも、この25年間賃金水準は横ばいで、これだけ安価で質の良い労働力はいまの世界を見渡しても日本でしか手に入らないだろう。

引っ越しできない日中は平和維持が大前提

新冷戦時代では民主国家連合に属する日本と、いまや専制国家のチャンピオンとなった中国との緊張関係が増大していくのは必至だ。しかし、言わずもがなだが、戦争だけは絶対に回避しなければならない。19世紀頃には外交交渉が決裂した場合、戦争で決着をつける、という国際法上の考え方が存在していたが、これはまさにヨーロッパで広がった「決闘」の精神を受け継ぐものである。しかし、それはナポレオン戦争のように正規軍同士がワーテルローのような台地で戦う騎士道的な精神が残っていた時代の産物である。

第1次世界大戦以降は科学技術の発達と大量生産の結果、戦争は国力すべてを注力する「国家総力戦（Total War）」と化してしまい、召集された一般市民や非戦闘員の女性、子供、老人も巻き込まれる悲惨なものとなってしまった。被害が甚大となるのは目前のウクライナ戦争で明らかである。

第1次世界大戦、第2次世界大戦の反省から、戦争回避のための国際機関である国際連盟、国際連合ができたのに、戦争世代がいなくなると、再び戦争の歴史が繰り返されるというのではあまりにも情けない。「愚者は経験に学び、賢者は歴史に学ぶ」はビスマルクの言葉であるが、専制国家の独裁者たちも自分の成功体験に学ぶだけでなく、もっと歴史に学んでもらいたいものだ。

習近平は丹羽大使に会うたびに「中国と日本の両国は住所変更ができない間柄ですね。住所変更ができないということは、仲良くやるしかないでしょう。隣人は選ぶことができるが、隣国は選ぶことはできません」と語っていたそうだ。それなら尖閣諸島周辺での領海侵入や領空侵犯など軍事的威嚇を繰り返して、日中関係を緊張させるのは止めてもらいたいものだ。

習近平が「中華民族の偉大な復興」という「中国の夢」の実現、すなわち近代及び過去の中国王朝時代に支配していた領土、領海の回復に固執している限り、日中間の真の平和実現は無理というものである。それなら日本は一体どう動けばよいのか。

まずバランスオブパワーの観点から軍拡を続ける中国に対しては防衛力の抜本的強化は不可欠だが、それは当然、同盟国である米国、QUADメンバーの豪州・インド、及び欧州などの同志国との協力・連携をベースに進めなければならない。

同時に軍拡競争や緊張激化を回避する外交努力が不可欠であるのは言うまでもない。対話なくして平和なし。日中政府間、国会議員などあらゆるレベルでの対話の活発化が必要であり、民間レベルでも、財界、大学など研究機関や若者の交流も大事だ。

特に明日の日本、中国を担う若者同士が相互理解を深めることは、将来の日中間の紛争及び戦争回避に大きく貢献するのは間違いない。2018年に日中両国政府間で青少年交流の強化に関する覚書が署名され、19年を「日中青少年交流推進年」と銘打って、5年間で3万人規模の青少年交流を実施していくことで一致したが、費用は個々の行事の主催者が負担することになっている。

一人当たり10万円の旅行費用がかかると仮定して、年間1万人で10億円、ステルス型F35A戦闘機1機が100億円することを考えれば、単純に比較はできないが、長期的に見ると人的資源への投資のほうが戦争抑止力として生産的であるように思われる。日中青少年交流には政府がもっと大規模な支援を行ってもよいのではないだろうか。

アジア太平洋地域の安定のためにも日中友好関係を維持発展させることは喫緊の課題であり、日中両国が参加している「ASEANプラス3」会議、G20（金融・世界経済に関する首脳会合）、ＲＣＥＰ（地域的な包括的経済連携）、そして国連の場などで、日本は日中間の平和維持の重要性を訴えて、国際世論の形成に努力することが重要である。日本と中国は互いに引っ越しができない宿命にある。それなら対立するよりは仲良くしなければならない。日中関係は平和維持が大前提なのである。

日本経済大復活の条件整う

新冷戦時代への移行により日本経済を巡る環境激変は必至だ。専制国家と民主国家の間でブロック化が進行し、世界の生産要素の供給と価格が大きく変わるからである。その結果、ポスト冷戦時代は新興国有利◯、日本不利●だった世界経済の条件が、新冷戦では新興国不利●、日本有利◯とまるでオセロゲームのようにコマが逆転していく。グローバル・サプライチェーンを見ても、西側の同盟国・友好国との間でフレンド・ショアリングの構築が進むが、日本が信頼されるパートナーとして、新たなグローバル・サプライチェーンの一角を占めるのは確実であり、すでに台湾ＴＳＭＣの熊本工場進出という事例がその証である。

先端技術競争で米中ばかりに目が行きがちだが、日本もｉＰＳ細胞、エッチングなど半導体製造技術、医療機器などの精密機械、工作機械など国際競争力を有する先端技術は多い。大学や企業の研究機関でも先端的な研究が進められており、基礎研究から応用技術、新製品の開発など先端技術のポテンシャリティーは高い。製造クラスター（企業、大学、自治体、国）の構築を通じた有機的な連携により、いかにイノベーションを起こすかが課題である。そのためにも先端技術分野への予算の優先配分は必須条件であり、政府の成長戦略がいまほど重要な時はない。

バブル崩壊以降、長きにわたって日本企業を苦しめてきた円高は終わった。中国、ASEANとの賃金格差も大きく縮小して、日本企業にとって海外生産のメリットが低下、さらに経済安全保障の視点からもリショアリング（工場の国内回帰）が進み、国内産業の復活が確実視される。

株価や不動産など資産価格がバブル期のレベルまで回復したことにより、バブル崩壊で悪化した企業のバランスシートも著しく改善した。若い経営者への世代交代が進んだこともあり、バブル崩壊以降の敗北主義的な内向き思考も遠のき、未来への投資がなければ生き残れないという資本主義本来のアニマルスピリッツが戻りつつある。

以上より、日本大復活をもたらす条件は整ったと言える。あとは、それをうまく活かすためにも、日本のあらゆる分野での構造改革が不可欠であり、そういう意味でイノベーション重視のアベノミクスの使命はまだ終わっていない。特に政治の仕組み、規制改革など社会の仕組みを変える社会イノベーションは積み残しのままだ。

バブル崩壊後の1998年に小渕政権下で設けられた経済戦略会議で、経済社会構造の改革が議論されてから、はや四半世紀が経過する。21世紀に入ってからも、小泉政権、安倍政権が必死に改革に取り組んできたが、守旧派の牙城を崩せていない。例えば行政改革は行政サービスの向上と効率化を目的としていたはずだが、省庁再編でお茶を濁し、縦割り行政は変わっておらず、天下り禁止も実質的にはあってなきが如きである。

岩盤規制については安倍政権が農業、医療、教育、労働、エネルギー分野で法改正などを通して、風穴を開けるべく努力したが、ドリルは貫通していない。市場主義がすべて良いとは思わないが、各分野の効率と競争力を上げるためには、ある程度は市場主義が働くようなメカニズムの導入は必要だろうし、そういう改革を実現しなければならない。小泉純一郎元総理のキャッチフレーズ「改革なくして成長なし」は普遍の真理である。日本大復活は改革の志を持った政治家、経済人、ならびにそれを支援する我々日本人一人ひとりの意志の力にかかっていると言えよう。

おわりに

ここ数年、新冷戦で変わる世界経済をテーマに各地で講演を続けているうちに、肝心の日本経済にはどういう影響が及ぶのか自問自答するようになっていった。「失われた10年」と言われた日本経済だが、一体、いつまで浮上せずに沈んだままなのだろうか、と。「失われた10年」の起点がバブル崩壊であったのは確かだろう。不動産価格と株価の暴落が深刻な資産デフレをもたらし、バランスシートの悪化が経営を圧迫した。これに異常な円高が追い討ちをかけた。国内需要が低迷しているのに輸出にブレーキをかける円高ではやってられない。日本企業は積極的に海外への工場移転を進めたが、ポスト冷戦でグローバル化の進展というタイミングにも合致していた。この結果、日本経済はバランスシート悪化、円高、産業空洞化の三重苦に見舞われることになった。

ところが、ポスト冷戦が30年で終了すると、世界経済を取り巻く諸条件が一変した。経済安全保障が重視されるようになり、グローバル・サプライチェーンの見直しが進行している。新冷戦下の世界経済環境は、新興国には不利だが、逆に日本には追い風が吹く。本文でも触れたが、新冷戦と「地球儀を俯瞰する」安倍外交のコラボが結実して、TSMCの熊本工場進出が実現したのだ。

加えてアベノミクスで株価や不動産価格が回復し、バブル崩壊から30年が経過した今、日本経済を苦しめてきたバランスシート悪化、円高、産業空洞化は過去のものになりつつある。まさに日本大復活の芽が見えてきている。

そこで、このロジックをできるだけ多くの人に伝えたいという思いから本書ができた。最初に企画を持ち込み、執筆が完了するまでずっと励ましてくださったメディアプレスの岡村啓嗣氏、本の出版に漕ぎ着けるようご尽力、そしてアドバイスいただいた講談社の田中浩史氏にはお礼の言葉もない。筆者を含めて三人でこの本を作り上げたというのが実感だ。

アベノミクスについては安倍政権時の内閣官房参与の本田悦朗氏、安倍外交については安倍首相の外交スピーチライターで内閣官房参与の谷口智彦氏に詳しくお話を聞く機会をいただいた。深くお礼を申し上げたい。そして、中国はもちろん、全面的にアドバイスいただいた丹羽宇一郎氏には感謝の気持ちでいっぱいである。

本書が新冷戦時代の世界経済及び日本経済を理解するうえで、読者の皆さんの参考となることを願ってやみません。

2023年5月

中島精也

中島精也

福井県立大学客員教授、丹羽連絡事務所チーフエコノミスト。1947年、熊本県生まれ。横浜国立大学経済学部を卒業後、伊藤忠商事に入社、調査情報部へ配属。76年、日本経済研究センター出向。87年伊藤忠商事為替証券部へ異動。94年ifo経済研究所客員研究員(ドイツ・ミュンヘン駐在)。2006年伊藤忠商事秘書部丹羽会長付チーフエコノミスト(経済財政諮問会議担当)。15年より丹羽連絡事務所チーフエコノミスト。18年から福井県立大学客員教授。これまで九州大学大学院非常勤講師、長崎大学非常勤講師、関東学院大学非常勤講師を歴任。鳩山元総理のエコノミスト懇談会、内閣情報調査室国際金融研究会、中央大学国際金融研究会、PHP総研グローバル・リスク分析プロジェクトにメンバーとして参加。剣道の有段者で今でも経産省道場や大学で稽古を続けている。著書に『傍若無人なアメリカ経済』(角川新書)、『グローバルエコノミーの潮流』(シグマベイスキャピタル)、『アジア通貨危機の経済学』(東洋経済新報社、編著)など。

講談社+α新書 867-1 C

新《しん》冷《れい》戦《せん》の勝者《しょうしゃ》になるのは日本《にっぽん》

中《なか》島《じま》精《せい》也《や》 ©Nakajima Seiya 2023

2023年6月19日第1刷発行

発行者——鈴木章一

発行所——株式会社 講談社

東京都文京区音羽2-12-21 〒112-8001

電話 編集(03)5395-3522

販売(03)5395-4415

業務(03)5395-3615

デザイン——鈴木成一デザイン室

編集協力——岡村啓嗣

カバー印刷——共同印刷株式会社

印刷——株式会社KPSプロダクツ

製本——牧製本印刷株式会社

KODANSHA

定価はカバーに表示してあります。

落丁本・乱丁本は購入書店名を明記のうえ、小社業務あてにお送りください。

送料は小社負担にてお取り替えします。

なお、この本の内容についてのお問い合わせは第一事業局企画部「+α新書」あてにお願いいたします。

Printed in Japan

ISBN978-4-06-532671-8

講談社+α新書

民族と文明で読み解く大アジア史　宇山卓栄
国際情勢を深層から動かしてきた「民族」と「文明」、その歴史からどんな未来が予測可能か？
1320円 851-1 C

世界の賢人12人が見た ウクライナの未来　プーチンの運命　クーリエ・ジャポン 編
ハラリ、ピケティ、ソロスなど賢人12人が、戦争の行方とその後の世界を多角的に分析する
990円 852-1 C

「正しい戦争」は本当にあるのか　藤原帰一
核兵器の使用までちらつかせる独裁者に世界はどう対処するのか。当代随一の知性が読み解く
990円 853-1 C

絶対悲観主義　楠木 建
巷に溢れる、成功の呪縛から自由になる。フツーの人のための、厳しいようで緩い仕事の哲学
990円 854-1 C

人間ってなんだ　鴻上尚史
「人とつきあうのが仕事」の演出家が、現場で格闘しながらずっと考えてきた「人間」のあれこれ
968円 855-1 C

人生ってなんだ　鴻上尚史
たくさんの人生を見て、修羅場を知る演出家が考えた。人生は、割り切れないからおもしろい
968円 855-2 C

世間ってなんだ　鴻上尚史
中途半端に壊れ続ける世間の中で、私たちはどう生きるのか？　ヒントが見つかる39の物語
990円 855-3 C

奇跡の小売り王国「北海道企業」はなぜ強いのか　浜中 淳
ニトリ、ツルハ、DCMホーマックなど、北海道企業が各業界のトップに躍進した理由を明かす
1320円 856-1 C

その働き方、あと何年できますか？　木暮太一
ゴールを失った時代に、お金、スキル、自己実現を手にするための働き方の新ルールを提案
968円 857-1 C

脂肪を落としたければ、食べる時間を変えなさい　柴田重信
肥満もメタボも寄せつけない！　時間栄養学が教える3つの実践法が健康も生き方も変える
968円 858-1 B

2002年、「奇跡の名車」フェアレディZはこうして復活した　湯川伸次郎
かつて日産の「V字回復」を牽引した男がフェアレディZの劇的な復活劇をはじめて語る！
990円 859-1 C

表示価格はすべて税込価格（税10％）です。価格は変更することがあります

講談社＋α新書

世界で最初に飢えるのは日本 食の安全保障をどう守るか
鈴木宣弘
人口の六割が餓死し、三食イモの時代が迫る。農政、生産者、消費者それぞれにできること
990円 860-1 C

中学生から大人まで楽しめる 算数・数学間違い探し
芳沢光雄
中学数学までの知識で解ける「知的たくらみ」に満ちた全50問！ 数学的思考力と理解力を磨く
990円 861-1 A

高学歴親という病
成田奈緒子
なぜ高学歴な親ほど子育てに失敗するのか？ 山中伸弥教授も絶賛する新しい子育てメソッド
990円 862-1 C

悪党 潜入300日 ドバイ・ガーシー一味
伊藤喜之
「日本を追われた者たち」が生み出した「爆弾告発男」の本当の狙いとその正体を明かす！
1100円 863-1 C

完全シミュレーション 台湾侵攻戦
山下裕貴
来るべき中国の台湾侵攻に向け、日米軍首脳は分析を重ねる。「机上演習」の恐るべき結末は――
990円 864-1 C

ナルコスの戦後史 ドラッグが繋ぐ金と暴力の世界地図
瀬戸晴海
ヤクザ、韓国反社、台湾黒社会、メキシコカルテル、世界の暴力金脈を伝説のマトリが明かす
1100円 865-1 C

新冷戦の勝者になるのは日本
中島精也
米中新冷戦で世界のヒト・モノ・カネの流れは変わった。日本経済復活のシナリオを検証する
990円 867-1 C

表示価格はすべて税込価格（税10%）です。価格は変更することがあります